# BAMBUS

**Impressum**
Titel der französischen Originalausgabe:
Simon Crouzet, Olivier Colin „Bambous – Comment les choisir et les cultiver facilement"

Aus dem Französischen von Christiane Schoelzel, Straßburg

Bibliografische Information Der Deutschen Bibliothek
Die Deutsche Bibliothek verzeichnet diese Publikationen in der Deutschen Nationalbibliografie; detaillierte bibliografische Daten sind im Internet über http://dnb.ddb.de abrufbar.
ISBN (Deutschland): 3-8001-4195-7
ISBN (Österreich): 3-7040-1952-6


Wollgrasweg 41, 70599 Stuttgart (Hohenheim)
Internet: www.ulmer.de
Lektorat: Andrea Rausch, Karin Wachsmuth
Umschlaggestaltung: Wilde 2, Stuttgart
Herstellung & DTP: Ursula Stammel
Druck und Bindung: Gorenjski tisk, Kranj, Slowenien
Printed in Slowenia

**Bildquellen**
Umschlagfotos
deutsche Ausgabe: Vorderseite: Simon Crouzet. Rückseite: Franck Boucourt
österreichische Ausgabe: Simon Crouzet
Farbfotos
Simon Crouzet: Seite 6 oben, 8 oben, 8 Mitte, 8 unten, 9 oben, 10, 11, 12 oben, 12 unten, 13, 14, 15, 19, 25 links, 25 Mitte, 25 rechts, 26 oben, 26 unten, 28, 29 oben, 29 unten, 30, 32, 35 links, 35 Mitte, 35 rechts, 37 oben, 38, 39 oben, 39 unten, 40 unten, 41 unten, 43, 44 links, 44 rechts, 45 links, 45 rechts, 47, 48 unten, 50, 51 unten, 53, 56 oben, 57, 59 rechts, 60 unten, 62 unten, 63 unten, 64 rechts, 65, 66 oben links, 66 unten links, 67 unten, 69, 70 oben, 70 unten, 71, 73, 74 oben, 75 unten, 77, 78 unten, 79, 81, 83, 84 unten links, 85, 86 unten, 87 unten, 88 unten, 89 unten, 90 oben links, 91, 92 oben und unten, 93, 94 oben und unten.
Franck Boucourt: Seite 3, 5, 7, 17, 21, 23, 24, 31, 33, 36, 37 unten, 40 oben, 41 oben, 42, 46, 48 oben, 49, 51 oben, 52 oben, 54, 55, 56 unten, 58, 59 unten, 60 oben, 61, 62 links, 63 oben, 64 links, 66 oben links, 66 unten rechts, 67 oben, 68, 72, 74 unten, 75 oben, 76, 78 oben, 82, 87 oben, 88 oben, 90 oben rechts.
Vereinigung der Nationalmuseen: Seite 5 (Bambuszeichnung auf Seide, Yi Chong, 1541-1626, Museum Guimet).
Philippe Ferret: Seite 27.
Zeichnungen
Mickaël Mourot

SIMON CROUZET / OLIVIER COLIN

# BAMBUS

*auswählen und pflegen*

VERLAG EUGEN ULMER
ÖSTERREICHISCHER AGRARVERLAG

# INHALTSVERZEICHNIS

# EINLEITUNG

*Inmitten der Ordnung der Pflanzen*
*Ist etwas, das man Bambus nennt;*
*Es ist weder hart noch zart*
*Weder Gras noch Baum.*

Dai Kaizhi,
China, um 460 n. Chr.

Vor 200 Jahren waren Bambusgewächse auf dem europäischen Kontinent noch völlig unbekannt; heute sind sie hier nicht mehr wegzudenken. Wer möchte schon auf die exotische Erscheinung dieser Riesengräser verzichten, von denen viele auch noch pflegeleicht sind?

In diesem Buch stellen Ihnen die Autoren Simon Crouzet von der Bambouseraie Prafance in Anduze (Süd-Frankreich) sowie Olivier Colin rund 40 bemerkenswerte Arten und Sorten im Hinblick auf Aussehen, Pflegeansprüche und Verwendungsmöglichkeiten vor. In der deutschen Ausgabe wurden diese Angaben an die unterschiedlichen Kulturbedingungen in Deutschland angepasst.

Die Angaben zur Winterhärte sind Durchschnittswerte, die von Standort zu Standort variieren können. Ausschlaggebend ist, wie lang die Frostperiode dauert, ob die Pflanzen gut eingewachsen sind, ob sie vor Wind und Sonne geschützt stehen und in welchem Boden sie wachsen. Da das Kleinklima örtlich sehr verschieden sein kann, sollten Sie sich auch in Ihrer Bambusgärtnerei eingehend danach erkundigen. Und selbst wenn einige Arten und Sorten Liebhaberwert haben und nicht überall gleich gut gedeihen, sind sie wegen ihrer Schönheit auf jeden Fall einen Versuch wert.

Für die fachliche Durchsicht und Korrektur der deutschen Ausgabe dankt der Verlag Herrn Werner Simon von der Sortiments- und Versuchsgärtnerei Simon in Marktheidenfeld.

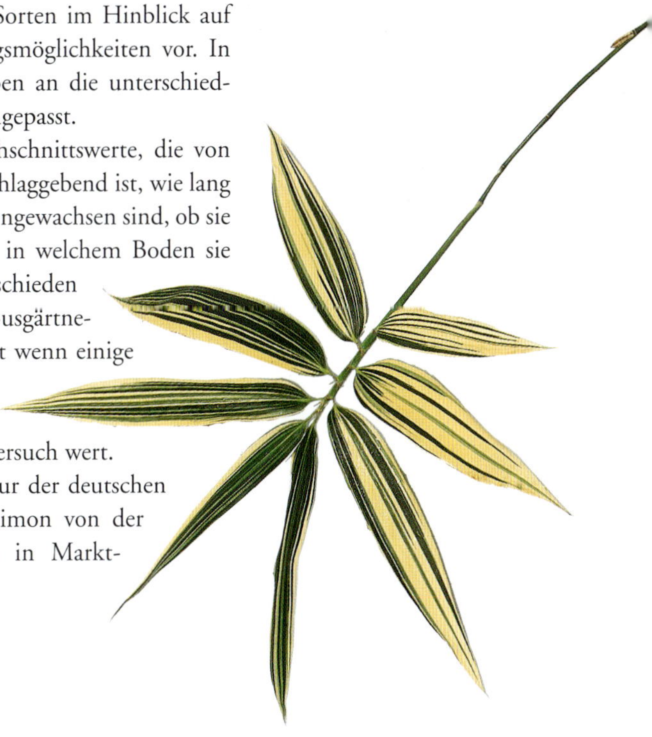

# MERKMALE DER

Der Bambus gehört zur großen Familie der Süßgräser (Poaceae, früher Gramineae), zu der man etwa 10.000 verschiedene, auf der ganzen Welt verbreitete Arten rechnet. Im Allgemeinen sind die Mitglieder dieser Familie Gräser mit länglichen Blättern, die verzweigte oder ährenförmige Blütenstände aufweisen. Innerhalb dieser Familie zählen Bambusse zur Unterfamilie Bambusoideae. Diese umfasst die verholzenden Bambusarten, von denen heute 1447 Arten erfasst sind und die Gegenstand dieses Buches sind, sowie mehrere krautige, etwa 130 vor allem aus Südamerika stammende Bambusarten, auf die wir hier nicht eingehen wollen.

## *EINE UNTYPISCHE PFLANZE*

Die Besonderheit der verholzenden Bambusarten liegt darin, dass die Zellen der Halme – wie Bäume – eine große Menge Lignin enthalten und entsprechend hart sind. Dadurch können die Halme bis zu 40 m hoch werden. Aus diesem Grund könnte man Bambuspflanzen sogar als „Baumgräser" bezeichnen.

### DAS RHIZOM

Dieser unterirdische Trieb, der manchmal auch an der Erdoberfläche zu sehen ist, ist das wichtigste Organ des Bambus. Man unterscheidet zwei grundlegende Wuchstypen, die die Ausbreitung des Bambus bestimmen.

Das Rhizom eines Ausläufer bildenden Bambus wurde zu Demonstrationszwecken ausgegraben, um das äußerst dichte und verworrene Netz der unterirdischen Triebe und Wurzeln zu zeigen, die in den ersten 30 cm Bodentiefe verlaufen.

# BAMBUSPFLANZEN

## ■ LEPTOMORPHES RHIZOM DER AUSLÄUFER TREIBENDEN BAMBUSSE

Der aus dem Griechischen abgeleitete Fachbegriff „leptomorph“ bedeutet „lang und schlank“, was sich auf die langen, schmalen Segmente zwischen den Knoten (Internodien) bezieht. Dieses Rhizom wächst horizontal in den oberen 30 cm des Bodens und kann mehrere Meter lang werden, bevor es, von einer seitlich an einem Knoten sitzenden Knospe ausgehend, einen Halm entwickelt. Die Mehrzahl dieser in unserem Klima winterharten, Ausläufer treibenden Bambusarten weisen diese Wuchsform auf und benötigen daher viel Platz.

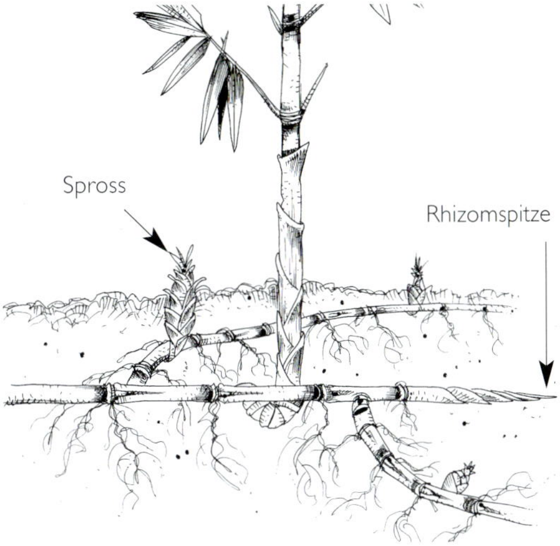


## ■ PACHYMORPHES RHIZOM DER HORST BILDENDEN BAMBUSSE

Das Rhizom der Horst bildenden Arten ist dick und kurz. Es besitzt kurze Internodien ohne deutlichen Hohlraum, die in kurzen Abständen neue Triebe bilden. Hier entsteht der neue Halm nicht aus einem seitlichen Auge, sondern an der Spitze des Rhizoms, das sich senkrecht aufrichtet. So wächst die Pflanze in mehr oder weniger dichten Horsten. Diese Bambusarten wuchern nicht.

Manche Gattungen, wie zum Beispiel *Chusquea*, kombinieren anscheinend beide Wuchsformen miteinander. Tatsächlich aber handelt es sich um pachymorphe Rhizome, die in verstreuten Tuffs wachsen. Lange Triebstücke an der Verzweigung halten die Verbindung, sind jedoch keine echten leptomorphen Rhizome. Diese Struktur wird als amphipodial bezeichnet.

## DER HALM

Dieses Pflanzenorgan ist sozusagen der „edle“ Teil des Bambus, denn durch ihn wirkt er so majestätisch; er ist es auch, der vielen Kulturen so außerordentlich nützlich war und immer noch ist.

Der Halm beginnt sein Dasein am Rhizom, sei es als seitliches Auge (beim Ausläufer treibenden Bambus) oder als Rhizomspitze (beim Horst bildenden Bambus). Er erscheint zunächst als junger Spross, der sich wie ein Teleskop auseinander schiebt und so zum Halm wird. Der Spross weist bereits an der Basis den Durchmesser auf, den der ausgewachsene Halm später haben wird: Wie bei den anderen Süßgräsern gibt es auch beim Bambus kein Dickenwachstum des Sprosses.

Die Struktur eines Halmes beruht auf der Wiederholung zweier Grundeinheiten: dem Segment zwischen den Knoten (Internodium), das meist hohl ist (bei manchen Gattungen wie *Chusquea* allerdings nicht) und dem Knoten (Nodium), einer Art ringförmiger, massiver Verdickung des Halmes. Bis jedes Internodium sein Wachstum beendet hat, wird es von einer Halmscheide geschützt, die es fast ganz umhüllt. In den meisten Fällen wird die Halmscheide abgeworfen, bei manchen Arten bleibt sie allerdings bestehen und trägt ihren Teil zur Schönheit des Halmes bei.

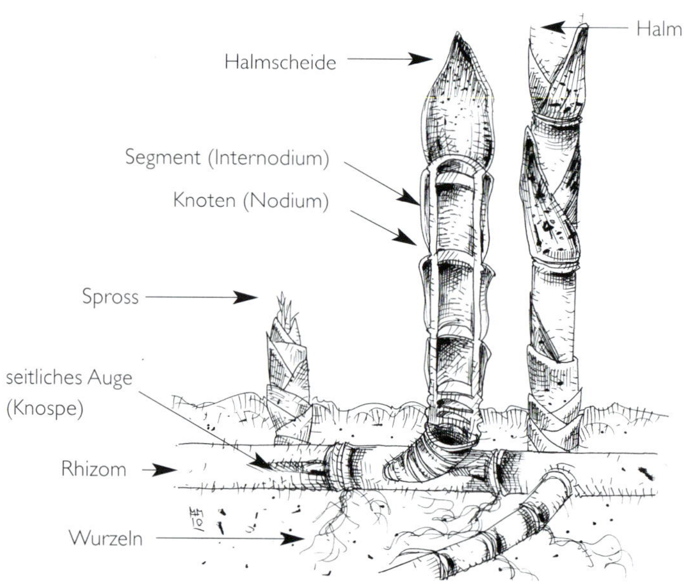

## DIE BLÜTEN

Die Bambusblüte ist ein seltenes und nicht gerade herbeigesehntes Ereignis. Bambuspflanzen blühen im Abstand vieler Jahre, manchmal Jahrzehnte, wobei das Erscheinen der unscheinbaren Blüten bei einigen Arten sogar zum Absterben der Pflanze führen kann. Manchmal tragen nur ein oder zwei Halme Blüten, dann geht die Blühperiode recht unauffällig vonstatten; ein anderes Mal entwickeln sich massenhaft Blüten. Das Phänomen, dass alle Pflanzen einer Art überall auf der Welt in etwa zur selben Zeit blühten, erklärt sich dadurch, dass Bambusse fast immer durch Teilung und nicht durch Aussaat vermehrt werden. So besitzen sie das selbe Erbgut wie die Pflanze, von der sie abstammen – und natürlich auch die selbe „innere Uhr", die das Blühen auslöst.

Wenn ein Bambus massiv blüht, erschöpft ihn das, denn er mobilisiert dazu seine gesamten Reserven. Die meisten Halme überstehen die Blüte nicht, andere aber können überleben und der Pflanze helfen, sich zu erneuern; das ist zum Beispiel bei *Phyllostachys* der Fall. Man kann eventuell verhindern, dass die blühende Bambuspflanze völlig eingeht, indem man die Pflanze gut versorgt – also in Maßen düngt und wässert – und die Blütenstände entfernt.

**U**nten: Bambus braucht 7 bis 8 Jahre, um seine endgültige Größe zu erreichen. Während dieser Zeit werden die neuen Halme jedes Jahr höher und dicker als die der Vorjahre.

2. Jahr

4. Jahr

6. Jahr

**D**ie französischen Fabrikanten und Importeure von Seidenwaren, die mit China und Japan handelten, haben eine sehr wichtige Rolle beim Import der ersten Bambuspflanzen in Europa gespielt. Von 1840/50 an wurden in Südfrankreich die meisten von ihnen erstmals außerhalb Asiens kultiviert.

## DIE HERKUNFT DES BAMBUS

Wie bereits angedeutet, ist Europa der einzige Kontinent, auf dem Bambus nicht von Natur aus vorkommt: Eine Karte mit seinem Verbreitungsgebiet zeigt, dass er hauptsächlich in subtropischen, aber auch temperierten Klimagebieten vorhanden ist. Sein natürliches Vorkommen reicht im Norden Japans bis in 50° nördliche Breite, in Chile und Argentinien bis in 47° südliche Breite. Trotz dieser weiten geografischen Verteilung stammt die überwiegende Mehrheit der Bambusarten, die wir kultivieren, aus China und Japan. Dabei beherbergt China allein fast 500 Arten, das heißt ein Drittel der auf der Welt bekannten Bambusarten.

Japan, mit den benachbarten Inseln Sachalin sowie den Kurilen, soll etwa 100 überwiegend kleine Arten aufweisen, die meist in Wäldern wachsen. Die hohen strauch- und baumförmigen Bambusarten scheinen hier vor mehreren hundert Jahren aus China importiert worden zu sein.

Der Reichtum Südamerikas an verholzenden Bambusarten ist groß, allerdings weniger bekannt. Allein in den Anden wachsen etwa 130 Arten; hier trifft man vor allem *Neurolepis aristata* an, eine Art mit langen, aufrechten Blättern, die den Höhenrekord hält (4300 m in Ekuador).

Das kontinentale Afrika ist dagegen mit 17 einheimischen Arten (davon eine in Südafrika) weniger bambusreich. Australien schließlich, das isoliert und zum großen Teil zu trocken ist, hat nur drei Arten aufzuweisen.

In der Natur trifft man Bambus in unterschiedlichen Lebensräumen an: von feuchten, immergrünen Wäldern in geringer Höhe, wo er meist am größten wird, bis zu den südlichen Ausläufern der Anden (den Paramos) und den schneebedeckten Hängen im Norden Japans. Im Allgemeinen wachsen Bambusse in Wäldern oder sind selbst waldbildend; hier gedeihen sie auf fruchtbaren Böden in feuchten Klimagebieten. Es gibt also keine natürlichen Bambusbestände in Regionen mit trockenem Klima und mit sehr nährstoffarmen Böden. Daran sollte man denken, wenn man ihn im Garten kultivieren möchte.

In Peru, Mexiko und Brasilien werden die fleischigen Früchte bestimmter Bambusarten (z.B. Guadua, Olmeca) gegessen. Die rohen Sprosse werden dort vermutlich wegen der hohen Blausäure-Konzentration gemieden. Schon 1 mg/kg Körpergewicht kann tödlich wirken. Doch durch Kochen sowie durch die Beigabe von Chilischoten wird den Bambussprossen ein Großteil der Giftstoffe entzogen.

## *EINE PFLANZE ALS BAUMEISTERIN DER KULTUREN*

Mit Bambus kann man sich ernähren, seine Behausung bauen, schreiben, heizen und eine Unmenge Alltagsgegenstände herstellen. Es ist unmöglich, vollständig aufzuzählen, was alles auf der Grundlage von Bambus entsteht. Wir wissen, welche bedeutende Rolle diese Pflanze in den asiatischen Kulturen (China, Japan und Südost-Asien) spielt. Weniger bekannt ist, dass dies auch in den präkolumbianischen Kulturen Südamerikas der Fall war und dass die Bambuspflanze heute noch einen wesentlichen Bestandteil des Lebens der indianischen Andenbevölkerungen einnimmt.

In China und Südost-Asien sind Bambussprosse ein wichtiges Grundnahrungsmittel, für das es unzählige Rezepte gibt. Das Abendland hat hier ein diätetisches Lebensmittel entdeckt, das reich an Ballaststoffen, Mineralien und Vitaminen ist, 2,5 % Eiweiß, 1,0 % Kohlenhydrate und 0,3 % Fette enthält.

# BAMBUS

Ob eine Bambuskultur gelingt, hängt wie bei den meisten Pflanzen von der Kenntnis zweier entscheidender Faktoren ab:

- den Standortgegebenheiten,
- den Kulturansprüchen der gewünschten Pflanze.

Es ist natürlich immer möglich, den Standort zu verändern. Doch die Auswahl der passenden Bambusart erleichtert die Aufgabe ungemein, zumal es heute auf dem Markt für fast jede Standortsituation einen geeigneten Bambus gibt.

**D**as Bambusblatt ist dünn und verdunstet viel Wasser; dieser Feuchtigkeitsverlust wird durch eine hohe Blattanzahl pro Halm vervielfacht.

## DAS KLIMA

Erinnern wir uns, dass die Wiege des Bambus im subtropischen Klima liegt. Im kühlen, gemäßigten Europa findet er selten die für seine Entwicklung optimalen Bedingungen vor. Warum?

### LUFTFEUCHTIGKEIT

Eine ausreichende relative Feuchte zwischen 60 und 80 % gewährleistet ein optimales Wachstum bei fast allen Bambusarten. Mit Ausnahme von *Otatea acuminata* vertragen die Gattungen, die wir in diesem Buch vorstellen, trockene Luft sehr schlecht. Das kommt daher, das über die Blattmasse viel Feuchtigkeit verdunstet; außerdem bleibt das Laub das ganze Jahr über an der Pflanze und setzt sie damit ständig der Gefahr eines Feuchtigkeitsmangels aus. Dabei reagieren großblättrige Bambusse, die in der Natur im schattigen Wald wachsen, empfindlicher auf Lufttrockenheit als hohe, sonnenverträgliche Arten wie *Phyllostachys*.

Glücklicherweise ist der Bambus, wenn er erst einmal angewachsen ist, selbst in der La-

**E**in unfehlbares Zeichen von Wassermangel ist das Einrollen der Blätter nach innen; in diesem Fall müssen Sie so schnell wie möglich und reichlich gießen.

ge, die starke Verdunstung zu kompensieren. Nur während längerer Trockenheit erweist sich das Besprengen seiner Blätter als nützlich, da so um die Pflanze herum ein feuchtes Mikroklima entsteht. Dies kann man übrigens zu jeder Tageszeit tun – entgegen der landläufigen Meinung, man müsse am frühen Morgen oder späten Abend sprengen, um einen Brennglaseffekt auf den Blättern zu vermeiden.

In Wohnräumen ist die Luft im Allgemeinen besonders trocken. Hier ist verstärkt auf ausreichend Wurzelraum und hochwertiges Pflanzsubstrat zu achten. Maßnahmen zur Erhöhung der Luftfeuchtigkeit, zum Beispiel häufiges Besprühen, elektrische Luftbefeuchter oder verdunstende Wasserflächen, sind empfehlenswert. Für einen tropischen Bambus ist ein Gewächshaus oder ein großer Wintergarten ideal, da hier wegen der Kondensationswirkung leichter eine hohe Luftfeuchtigkeit zu erzielen ist.

### NIEDERSCHLÄGE

Chinesische und japanische Bambusse, die die überwiegende Mehrheit der im Handel befindlichen Arten ausmachen, stammen aus Regionen, in denen die Niederschlagsmengen jährlich zwischen 1200 und 2000 mm betragen. Sie sind also potenziell große Wasserverbraucher, besonders im Frühjahr während des Wachstums der Halme und im Sommer bei großer Hitze.

Obwohl die in unseren Gegenden fallenden Niederschlagsmengen nur die Hälfte bis ein Drittel erreichen, reichen sie – außer auf trockenen, sandigen Böden – für das Wohlbefinden der Bambuspflanzen aus. In niederschlagsarmen Regionen kann die Nähe zu einer Wasserfläche, zum Grundwasser oder einem Fluss die mangelnde Großzügigkeit des Himmels wettmachen.

## WÄRMEBEDÜRFNIS

Auch in diesem Punkt spielen die Ansprüche der einzelnen Arten eine wichtige Rolle: Große Sommerhitze (35 bis 40 °C) macht Bambus keine Angst, ganz im Gegenteil. Das Wachstum der baumförmigen Arten zum Beispiel wird dadurch nur beschleunigt. Hingegen vertragen kleine oder mittelgroße Arten aus den Bergen, zum Beispiel *Fargesia-* und *Chusquea*-Arten, und solche hoher Breitengrade, wie manche *Sasa* aus Nord-Japan, hohe Temperaturen schlecht.

## KÄLTEEMPFINDLICHKEIT

Die Pflanzengruppe Bambus ist über viele Klimabereiche der Erde verteilt. Inwieweit die einzelne Art Kälte verträgt, sagt uns das Klima ihrer Heimat. Außerdem hängt es davon ab, wie gut ihr Standort den Bedürfnissen der Pflanze gerecht wird. Viele Arten vertragen – abgesehen von den echten tropischen Arten – niedrige Temperaturen gut, manchmal sogar Temperaturen bis zu –10 oder –25 °C.

Frost bringt Bambus nicht unbedingt in Gefahr, sondern kann einen zusätzlichen Reiz ausmachen, wie diese reifgesäumten Blätter zeigen.

Im Winter ist der Bambus im Freiland durch unerwartet starken und andauernden Frost besonders gefährdet. Da das im Boden gefrorene Wasser nicht mehr von den Wurzeln aufgenommen werden kann, vertrocknet die Pflanze schließlich, noch bevor sie erfriert. Den Wurzelbereich kann man schützen, indem man schon im Spätherbst vorbeugend eine dicke Mulchschicht um die Bambuspflanzen herum verteilt.

Bambusarten, bei denen schachbrettartig genervte Blätter (die so genannte Tesselation) auf Frosthärte hinweist, sind nur dann in Deutschland frosthart, wenn sie standortgerecht gepflanzt werden. Das ist unter anderem der Fall bei *Phyllostachys*, *Chusquea*, *Sasa*, Gattungen mit der Artbezeichnung „tessellatus“, wie z.B. *Indocalamus tessellatus* (Syn. *Sasa tesselata*) oder *Thamnocalamus tessellatus.*

Schnee am Fuß der Pflanzen und auf den Blättern bildet bei starkem Frost einen sehr nützlichen thermischen Puffer. Das ist in Japan und in China, wo viel Schnee fällt, häufig zu sehen. Die meisten Bambusarten ver-

Im Falle starker oder längerer Fröste sollte man den oberirdischen Teil der empfindlicheren Bambuspflanzen schützen, indem man sie in ein spezielles Schutzvlies einpackt, das Luft und Licht hindurchlässt. Vermeiden Sie möglichst Plastikfolien mit oder ohne Luftblasen, denn diese verbrennen das Laub an den Berührungspunkten. Der Wurzelbereich der Pflanze sollte zudem gemulcht werden.

tragen die Schneedecke auch sehr gut. Bei starkem Schneefall hingegen sollte man baumartige Bambuspflanzen von der Last befreien, denn durch das große Gewicht werden die Halme flach auf den Boden gedrückt. Die sprichwörtliche Zähigkeit des Bambus lässt sie jedoch nach dem Wegtauen des Schnees wieder aufstehen.

## SONNE ODER SCHATTEN?

Bezüglich der Sonnenbestrahlung gibt es keine für alle Bambusarten gültige Regel, da ihre Ansprüche sehr unterschiedlich sind. Die meisten sind ziemlich tolerant und passen sich sogar ungünstigen Bedingungen an.

Als einfache Anhaltspunkte können folgende Angaben gelten: Je größer das Laub ist, umso mehr braucht der Bambus Schutz vor direkter Sonne, besonders im Winter. Auf leichten Böden und in sommertrockenem Klima ist ein halbschattiger Platz von Vorteil, auf feuchten Böden können die Bambusse auch in der vollen Sonne stehen. Die mehrere Meter hoch werdenden *Phyllostachys*-Arten wachsen bei schattigem Standort auf der Suche nach Licht schneller in die Höhe und Breite.

## JUNGPFLANZEN VOR KALTEM WIND SCHÜTZEN

Wenn eine Pflanze so aussieht, als sei sie dafür geschaffen, Wind zu trotzen, dann ist es wohl der Bambus. Dank seiner extrem biegsamen Halme und der fest verankerten Wurzeln kann er sogar die Taifune überstehen, die den Fernen Osten im Winter heimsuchen. Doch dabei handelt es sich um warme Winde! In unseren Breiten senkt starker Wind im Winter die Temperatur noch um einige Grade und kann somit einige Schäden vom leichten Blattverlust bis hin zum Abfrieren der Sprosse oder jungen Halme verursachen. Eine ausgewachsene Pflanze kann sich häufig von den Schäden erholen, eine junge meist nicht.

Ist ein junger Bambus kaltem Wind ausgesetzt, sollte man ihn drei oder vier Jahre lang gut schützen, zum Beispiel mit einem „Zelt" aus Kokosfasermatten oder über einen mit Dämmmaterial abgedichteten Zaun. Später bildet er seinen eigenen Schutz, indem die äußeren Halme den Wind von den inneren fernhalten. Sie schirmen vorherrschende Winde ab und schützen so auch die empfindlicheren Pflanzen im Garten.

DAS WICHTIGSTE ZUM KLIMA

- Bambus mag das ganze Jahr über Wassergaben, sofern es sich nicht in seinem Wurzelbereich staut.
- Frostharte Arten vertragen winterliche Kälte besonders gut, wenn warme Sommer ihre Halme gut wachsen und ausreifen lassen.
- Ein in seiner Jugend vor kaltem Wind geschützter Bambus wächst im Garten selbst zu einem ausgezeichneten natürlichen Windschutz heran.
- Bambus verträgt in der Vegetationszeit viel Licht, sollte aber vor Wintersonne geschützt stehen.

## DER BODEN

Alle Bambusarten verlangen einen gut durchlässigen Untergrund, Staunässe an den Wurzeln vertragen sie nicht. Wenn der Gartenboden in geringer Tiefe eine undurchdringliche Lehm- oder Tonschicht aufweist, muss man diese an mehreren Stellen durchbohren, damit das Wasser abfließen kann. Ein stark lehmiger Boden kann durch die Zugabe von grobem Sand und Torf leichter und durchlässiger gemacht werden.

Bambus liebt einen lockeren, humosen Oberboden ähnlich einem Waldboden. Dieser hat durch Huminsäuren, die bei der Zersetzung von organischer Substanz entstehen, eine saure Reaktion (pH-Wert unter 6), auch wenn der Unterboden kalkhaltig ist. Bis zu einem neutralen pH-Wert von 7 kommt der Bambus gut zurecht, aber in einem basischen Boden über pH 7 können die Wurzeln nur schwer bestimmte lebenswichtige Elemente aufnehmen; bei einem Wert über 8 droht der Bambus einzugehen. Mit Torf oder Kompost lässt sich der Säuregehalt des Bodens erhöhen. Auf schweren Böden sollte diese humose Schicht 20 bis 30 cm stark sein, ein undurchlässiger Lehmboden darunter ist nicht von Nachteil, unabhängig vom pH-Wert.

Zum Glück vertragen mindestens zwei Arten, *Phyllostachys flexuosa* und *P. fimbriligula*, pH-Werte bis 8,2, ohne dass ihr Wachstum darunter leidet. *Otatea* toleriert ebenfalls Kalk.

DAS WICHTIGSTE ZUM THEMA BODEN

- Eine gute Durchlässigkeit ist entscheidend.
- Besser ein zu saurer als ein zu kalkhaltiger Boden.
- Bei hohem Kalkgehalt: Boden mit Torf oder Kompost anreichern.
- Bei stark bindigen Böden: Sand und Torf einarbeiten.
- Bei wasserundurchlässigen Schichten in geringer Tiefe: Schicht mehrmals durchbohren und für Wasserabzug sorgen.
- Stauschichten in größerer Tiefe sind bei genügend Humusauflage tolerierbar.

In der Bambouseraie Prafrance in Süd-Frankreich (Anduze) wie auch in anderen milden Gebieten erreichen hohe Bambusse (hier *Phyllostachys pubescens*, Syn. *P. edulis*) enorme Größen. In der außergewöhnlich guten Erde des mindestens 6 bis 7 m mächtigen Schwemmbodens können die Wurzeln reichlich Nährstoffe aufnehmen.

## Die Pflanztechnik

Sie unterscheidet sich nicht von herkömmlichen Methoden. Entscheidend ist die Vorbereitung des Bodens.

**Beim Austopfen**
achten Sie darauf, die wertvollen Rhizome nicht zu beschädigen. Tauchen Sie anschließend den Ballen in eine Schüssel mit Wasser, um ihn gut zu durchfeuchten.

**Lockern Sie den Boden,**
wenn er zu fest ist, so dass sich die Rhizome von Anfang an gut ausbreiten können. Sorgen Sie für eine mindestens 20 cm starke Schicht humosen und gut durchlüfteten Oberbodens, ganz besonders bei einem kalkhaltigen Untergrund.

**Graben Sie ein Pflanzloch,**
das doppelt so breit und um ein Fünftel tiefer ist als der Topf; das ist in den meisten Fällen ausreichend.

**Gedüngt wird**
nur bei sehr nährstoffarmen Böden direkt bei der Pflanzung, ansonsten erst ab dem zweiten Standjahr. Hier eignen sich Volldünger, reifer Kompost oder abgelagerter Mist. Humusgaben sind besonders ratsam bei nährstoffarmen Böden oder in Stadtrandgebieten, wo die Gärten auf aufgeschütteten Geländen mit sehr schlechter Bodenqualität angelegt werden.

**Pflanzen Sie den Bambus**
so in das Loch, dass die Oberkante des Ballens mit der Bodenoberfläche abschließt oder kurz darunter liegt. Bambus darf keinesfalls zu tief gepflanzt werden. Zum Schluss modellieren Sie rings um den Ballen einen 3 bis 4 cm hohen Erdwall, damit

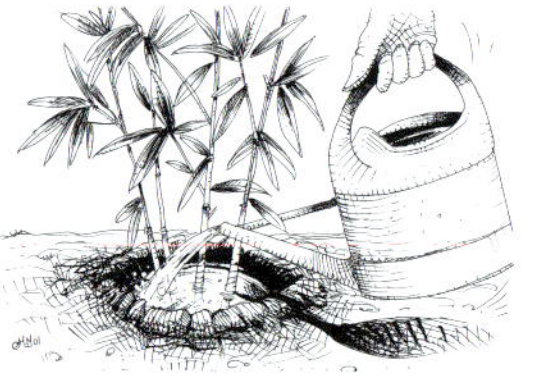

das Wasser beim Gießen nicht davon fließt.

**Gießen Sie**
abschließend den Wurzelbereich der Pflanze gut, so dass sich die Erde um die Wurzeln herum setzt. In den folgenden Wochen achten Sie darauf, dass der Boden ständig etwas feucht bleibt, ohne allerdings die Pflanze zu ertränken. Dann kann sie problemlos anwachsen.

**Eine Mulchschicht**
bewahrt die Feuchtigkeit und reduziert das Auflaufen von Unkraut. Hier bieten sich Strohhäcksel, Rasenschnitt oder Rindenmulch an, der allerdings dem Boden Nährstoffe entzieht. Noch besser ist das Unterpflanzen mit geeigneten Stauden, zum Beispiel *Geranium sanguineum* oder *Carex siderosticha*.

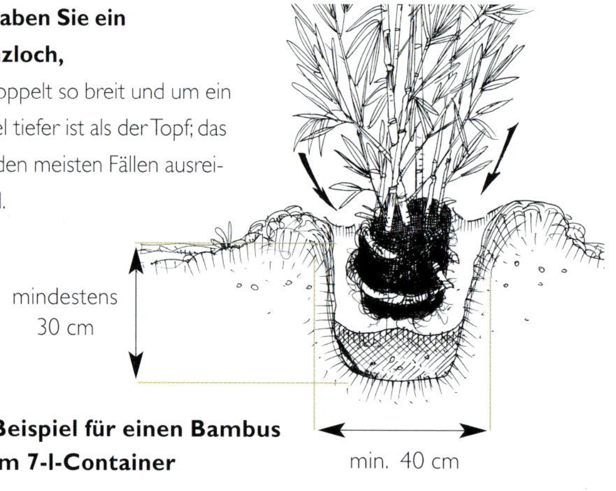


**Beispiel für einen Bambus im 7-l-Container**

## DIE PFLANZUNG

Im Gegensatz zu einem Baum muss ein gut entwickelter Bambus, den man im Container kauft, ein großes Wurzelsystem aufweisen; ein verformter Topf ist sogar ein gutes Zeichen!

### WANN PFLANZE ICH?

Mehrere Perioden scheinen für die meisten Bambusarten gleichermaßen günstig zu sein:
– Der Frühlingsanfang, bevor die Sprosse beginnen, sich zu entwickeln. In dieser Jahreszeit sind die Rhizome der Pflanzen bei richtiger Kultur prall mit Nährstoffen gefüllt. Das ist die Gewähr für zahlreiche, robuste Halme.
– Die Zeit nach dem Neuaustrieb bis etwa Ende Juni. Dann kann der von der Sommersonne erwärmte Boden die Entwicklung neuer Rhizome unter optimalen Bedingungen fördern; die Pflanzen können vor dem Winter noch ausreichend einwurzeln.
– Horstartig wachsende Bambusse wie die *Fargesia*-Arten, deren Halmwachstum eher im Spätsommer und im Frühherbst stattfindet, kann man bei ausreichenden Wassergaben auch im Sommer pflanzen.

### WIE DICHT PFLANZE ICH?

Bei mittelgroßen Bambusarten können vier bis fünf in 7-l-Containern gezogene Pflanzen pro 10 m² als Richtwert gelten; bei baumartigen Riesen-Bambussen reichen auf der selben Fläche drei in 15-l-Containern gezogene Pflanzen. Je nach Art bedeckt eine Pflanze nach fünf Jahren bis zu 10 m², nach zehn Jahren bis zu 100 m².

Manche Ausläufer treibenden Arten können in einigen Jahren eine große Fläche im Garten besiedeln, obwohl man sie lieber auf einen bestimmten Bereich begrenzt hätte. Das muss man beim Pflanzen berücksichtigen.

### BAMBUS IN DIE SCHRANKEN WEISEN

Die größte Sorge beim Kauf eines Bambus ist häufig, dass die Pflanze zu sehr wuchert. Dieser fest verankerte Ruf ist auch nicht völlig ungerechtfertigt. Wir kennen jedoch mehrere einfache Methoden, um seine Wuchsfreude zu bremsen.

Die einfachste Methode ist, einen Horst bildenden statt eines Ausläufer treibenden

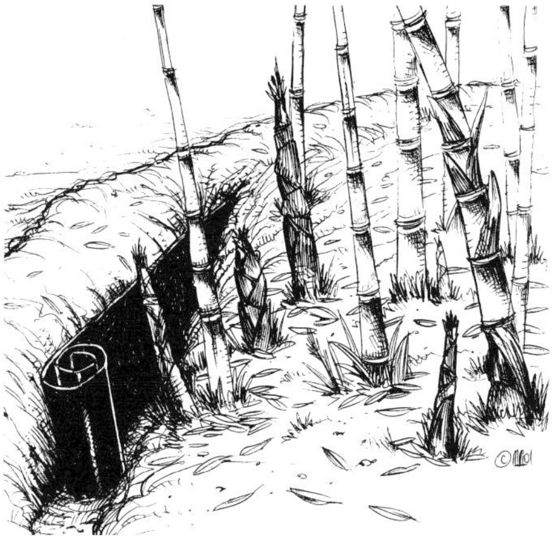

**R**hizomsperre aus Polypropylen. Man legt die Folie etwa 50 cm hoch an den Wänden des Pflanzlochs aus, in einem leicht nach außen geöffneten Winkel (etwa 15°). So wird ein an die Barriere stoßendes Rhizom nicht dazu verleitet, sie nach unten zu umgehen – es muss sich entweder im Kreis drehen oder nach oben ausweichen.

Bambus zu wählen. Die Tabelle auf Seite 34 ermöglicht eine Auswahl im Hinblick auf dieses Kriterium. Eine andere Vorsichtsmaßnahme besteht darin, Bambus (selbst wenig Ausläufer treibende Arten) nie ohne Begrenzungsmaßnahmen wie Rhizomsperren in der Nähe eines Staudenbeetes, Steingartens oder einer mit kleinen Sträuchern bewachsenen Gartenecke zu pflanzen.

Eine weitere Methode ist, die Rhizome am Vorankommen zu hindern. Eine Mauer bildet wegen ihres Fundaments eine wirksame Barriere und zugleich einen Hintergrund, der den Bambus gut zur Geltung bringen kann. Man kann auch Faserzement- oder Betonplatten 60 bis 100 cm tief eingraben, doch sind leichtere Materialien wie Wellpolyester oder noch besser 1 bis 2 mm dicke Polypropylen-Folie leichter zu handhaben. Letztere, die in 70 cm breiten Rollen in Baumärkten, Gartencentern oder Gärtnereien verkauft wird, passt sich flexibel dem Bambus zugewiesenen Bereich an.

Ein Graben zwischen dem zu schützenden Bereich und dem Saum der Bambuspflanzung kann ebenso wirksam sein. Er sollte ein V-Profil haben, 30 bis 35 cm tief sowie 20 bis 30 cm breit sein. Achten Sie darauf, dass er mit der Zeit nicht verunkrautet; er sollte mindestens einmal im Jahr kontrolliert werden. Einige Arten können dieses Hindernis aber auch unterwandern.

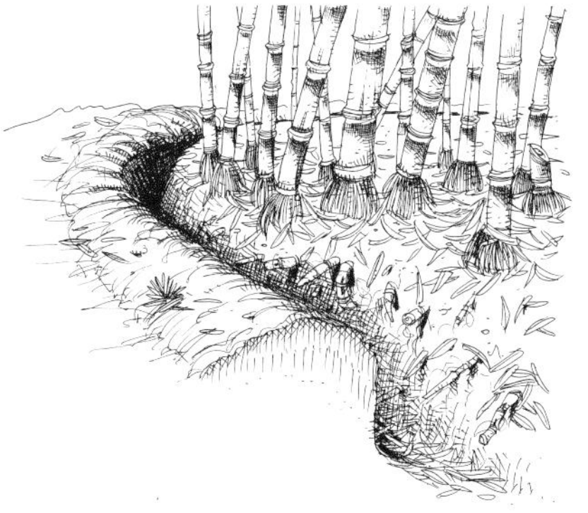

Schließlich muss man wissen, dass ihre Wasserscheu die meisten Bambusarten daran hindern wird, einen Teich oder Bach zu überqueren. Auch ein 2 bis 3 m breiter, regelmäßig gewalzter Weg oder ein regelmäßig gemähter Rasen können als Barriere dienen.

DAS WICHTIGSTE ZUM THEMA PFLANZEN

- Pflanzen Sie am besten am Frühlingsanfang oder nach dem Neuaustrieb bis Ende Juni, abgesehen von den *Fargesia*-Arten, die man auch im Sommer pflanzen kann. Graben Sie ein ausreichend großes Pflanzloch.
- Verbessern Sie magere Böden 30 cm tief mit Kompost; düngen Sie bei Bedarf mit stickstoffhaltigem Langzeitdünger.
- Unterpflanzen Sie den Bambus mit geeigneten Stauden oder bringen Sie im Herbst Laubmulch auf.
- Begrenzen Sie stark Ausläufer treibende Bambusarten.

**Unten:**
*Semiarundinaria fastuosa*

## DIE ERNÄHRUNG

Steht ein Bambushain erst einmal ein paar Jahre im Garten, verlangt er – mit Ausnahme von Wassergaben in Trockenperioden – nur wenig oder keine Pflege. Er dankt es allerdings mit üppigem Wachstum, wenn man sich ein wenig um ihn kümmert.

### GIESSEN

Dieser Punkt darf nicht vergessen werden, denn Wasser muss das ganze Jahr über ausreichend zur Verfügung stehen. Man kann sich in sehr trockenen Sommern das Gießen sparen und besser auf ein Tröpfchenbewässerungssystem oder einen Perlregner zurückgreifen, die aus zwei Gründen interessant sind: Sie verbrauchen wenig Wasser, und dieses kann fast vollständig von der Pflanze aufgenommen werden. Allerdings lohnt sich die Anschaffung nur, wenn man mehrere Busche oder eine ganze Hecke zu bewässern hat – weniger wegen des Preises, sondern wegen des Verlegeaufwandes.

### DÜNGEN

Eine Düngung ist nicht lebensnotwendig, lässt den Bambus aber üppiger wachsen. Da er viel Stickstoff braucht, ist es günstig, am Winterende Pferde- oder Rindermist zuzugeben, der mindestens ein halbes Jahr abgelagert ist.

Wenn man keinen erhält, bekommt der Bambus ein- bis zweimal jährlich (im Frühjahr und Herbst) Rasendünger mit einer durchschnittlichen Zusammensetzung von Stickstoff-Phosphor-Kalium im Verhältnis 10-5-5, 20-5-8 oder eines vergleichbaren Typs. Befolgen Sie die auf der Verpackung angegebenen Dosierungshinweise (etwa 50 bis 100 g/m$^2$/Jahr, je nach Stickstoff-Konzentration), denn zu viel Stickstoff mindert die Frosthärte. Pflanzenbrühen aus Brennnesseln oder Beinwell eignen sich ebenfalls gut.

## DIE VERMEHRUNG

Für Hobbygärtner bieten sich drei Verfahren an:

### RHIZOM-TEILSTÜCKE

Diese traditionelle Technik, die im Allgemeinen von Gärtnern angewandt wird, ist bei allen Bambusarten aus temperierten Klimazonen mit Ausläufer treibendem Rhizom erprobt. Die Erfolgsquote ist besonders hoch, wenn Sie direkt zu Beginn des Frühjahrs vermehren, besser sogar noch früher von Ende Februar bis Ende März, und die folgenden Schritte einhalten:

- Graben Sie das Rhizom vorsichtig aus, um es nicht zu beschädigen. Ein Rhizom mit einem Durchschnittsalter von 2 bis 4 Jahren ermöglicht gute Ergebnisse. Das Rhizomstück sollte mindestens drei Knoten mit gut ausgebildetem Auge haben.
- Die Teilstücke sollten unverzüglich in die Erde kommen, damit die Wurzeln nicht austrocknen.
- Setzen Sie die Teilstücke waagerecht mit nach oben zeigenden Knospen unter eine 10 bis 15 cm dicke Schicht Komposterde.
- Gießen Sie regelmäßig, um ein leicht feuchtes Milieu aufrecht zu erhalten; zu viel Wasser kann aber zum Verfaulen der Wurzeln und Absterben des Teilstückes führen.

### TEILUNG DER HORSTE

Alle Bambusarten können, allerdings mehr oder weniger leicht und erfolgreich, zu Frühlingsbeginn geteilt werden. Bei tropischen Arten wartet man besser bis zum Juni. Mit Spaten und Säge wird der Erdballen geteilt. Anschließend setzt man den abgetrennten Teil in einen großen Topf oder in den offenen Boden. Wir raten Ihnen, ein Drittel

***H**ibanobambusa tranquillans*
'Shiroshima'

der Halme zu entfernen, um die Wasserverdunstung durch die Blätter herabzusetzen.

### HALM-STECKLINGE

Für diese Methode, die bei tropischen und subtropischen Gattungen mit Horst bildendem Wachstum oder Mischformen möglich ist, wird ein zwei- bis dreijähriger Halm verwendet. Der Erfolg hängt von der Gattung, der Art und der Sorte ab. Und genau wie beim Rhizom-Teilstück wird hier äußerste Sorgfalt verlangt:

1. Kürzen Sie die Zweige am abgeschnittenen Halm auf wenige Zentimeter ein.
2. Trennen Sie den Halm so zwischen den Internodien durch, dass Stecklinge mit einem oder mehreren Knoten entstehen.
3. Decken Sie die Stecklinge mit 10 bis 15 cm Komposterde ab. Wie die Rhizome werden auch die Halme waagerecht ausgelegt, wobei die Zweigbüschel nach oben zeigen.
4. Halten Sie das Substrat leicht feucht; sobald sich aber nach 3 bis 4 Wochen junge Triebe zeigen, gießen Sie weniger. Denn jetzt erscheinen auch die ersten Wurzeln, und zu viel Wasser wäre tödlich für sie.

## KRANKHEITEN UND SCHÄDLINGE

Falls noch ein allerletzter Grund vonnöten sein sollte, Sie davon zu überzeugen, Bambus zu pflanzen: Er gehört zu den gesündesten Gartenpflanzen überhaupt. Es kommt sehr selten vor, dass er von Krankheiten befallen wird. Allerdings ist er gegenüber starkem Nährstoffmangel sehr empfindlich. Dies äußert sich im Fehlen neuer Sprosse, durch hängende Blätter oder absterbende Sprosse, die sich dann bräunlich oder gelb verfärben und verkümmern.

Ein Bambus, der in einem humosen, durchlässigen Boden wächst, der nicht trocken wird und gut mit Nährstoffen versorgt ist, bleibt gesund.

Die Ursache eines Schädlingsbefalls liegt meist in einem Wassermangel im Wurzelbereich, in niedriger Luftfeuchte oder auch in zu viel Wasser begründet. Schwarze oder grüne Blattläuse siedeln sich dann auf der Blattunterseite an. Sie sondern Honigtau ab, der einem schwärzlichen, unansehnlichen Pilz als Nährboden dient: dem Rußtau. Wenn nötig, kann man dem Problem mit einem handelsüblichen Blattlausmittel ein Ende bereiten.

Schwieriger zu bekämpfen sind Wollläuse, die aussehen wie kleine, weiße Wattebäusche und die sich meist auf Gattungen mit bleibender Halmscheide niederlassen (*Pseudosasa*, manche *Pleioblastus*). Bei starkem Befall ist die Behandlung mit einem systemisch wirkenden Insektizid ratsam. Erkundigen Sie sich im Fachhandel nach einem dafür zugelassenen Präparat.

Auch Milben können lästig werden. Dabei gibt es mehrere Arten, darunter die berühmte „Rote Spinne“, die alle durch ihre Saugtätigkeit ein Aufhellen des Blattes herbeiführen. Dieses ist dazu noch mit winzigen hellen Punkten übersät oder weist hellgelbe, rechteckige Flecken auf. Hier hilft nur ein spezifisches Mittel gegen Milben, das dreimal im Abstand von etwa 10 Tagen angewendet werden muss, um die nachfolgenden Generationen abzutöten. Breit wirksame Mittel helfen häufig nicht gegen die Eier.

Die beiden letztgenannten Schädlinge sind besonders im Haus und Wintergarten lästig. Ausreichender Wurzelraum, hochwertige Substrate und genügend Luftfeuchte sind die besten vorbeugenden Maßnahmen.

**1.** Rußtau
**2.** Wollläuse
**3.** Spinnmilben

### Wie wird man einen Bambus los?

Viele Leute fürchten, dass sie einen Bambus, der im Garten an einem unerwünschten Platz oder zu ausufernd (meist aufgrund von Pflanzfehlern) wächst, nicht wieder loswerden. Dabei ist das nicht so schwierig, allerdings sollte man auf die „Hauruck-Methode" verzichten und nicht versuchen, die Pflanze sofort komplett zu entfernen, denn der Kampf kann leicht sehr lästig werden. Hier empfiehlt sich die orientalische Strategie, die darin besteht, den Bambus allmählich zu erschöpfen. Dazu genügt es, einmal alle alten Halme abzuschneiden, sie nachwachsen zu lassen und dann von neuem so oft abzuschneiden, bis das Rhizom erschöpft ist und abstirbt. Verfallen Sie nicht dem landläufigen Irrtum, zu früh aufzugeben; da Sie glauben, die Pflanze sei sowieso nicht tot zu kriegen. Halten Sie durch und brechen Sie entweder die neuen Sprosse einen nach dem anderen an der Basis ab, sobald sie erscheinen, oder warten Sie, um sie dann alle auf einmal zu „fällen“. Das Wichtigste ist, ihnen nicht genug Zeit zu lassen, neue Reserven zu bilden. Auf diese Weise hindert man den Bambus an seiner Energieversorgung. Er geht schließlich ein, so dass man sein Wurzelsystem im Jahr darauf ohne allzu große Mühe mit einer Spitzhacke ausgraben kann.

# MIT BAMBUS

Bambus bildet in der Natur mit der Zeit große Bestände oder ganze Wälder. Auch im Garten ist es reizvoll, ihn – falls man über genügend Raum verfügt –, das Gelände nach Lust und Laune überwuchern zu lassen, so dass ein Bambushain entsteht, wie er so charakteristisch für die chinesischen und japanischen Landschaften ist. Dafür eignen sich aufgrund ihrer Höhe und ihrer dicken Halme Gattungen wie *Semiarundinaria* und vor allem *Phyllostachys* am besten.

## *SOLITÄRE HORSTE UND BÜSCHE*

Die meisten Bambusarten, speziell jene mit aufrechtem Wuchs, weniger die niedrig bleibenden Arten, eignen sich dafür gut. Dabei muss aber der Bambustyp gut zum Konzept des Gartens passen. Auf eine stark Ausläufer treibende Art sollte man besser verzichten, wenn die restlichen Pflanzungen schon relativ dicht sind – oder man legt eine Rhizomsperre an. Wie das funktioniert, wurde bereits auf Seite 20 eingehend erläutert.

*Fargesia nitida.*

*Fargesia* passt wegen seines buschigen Wuchses und dem sehr dichten, kleinen Laub besonders gut in Stadtgärten, in denen der Platz knapp ist. Doch auch bei ihm darf man in Anbetracht seines hängenden Wuchses den Durchmesser nicht unterschätzen, der bei einer ausgewachsenen Pflanze mindestens 3 m betragen kann.

Wenn Sie glücklicher Besitzer eines großen Wasserbeckens sind, wäre ein großer Bambushorst in seiner Nähe ideal, denn die dynamische, aufstrebende Bewegung des Bambus bildet einen herrlichen Kontrast zur

ausgedehnten Wasseroberfläche. An einem kleineren Becken hingegen wirkt ein kleiner Bambus wie *Shibatea kumasasa* oder *Pleioblastus chino* besser.

**C***husquea culeou*, ein chilenischer Bambus (links) und *Fargesia* (rechts) zeigen bei vergleichbarer Größe gut die verschiedenen Wuchsformen und die Möglichkeiten, die sich einem guten Gärtner dadurch bieten.

## *HECKEN UND RANDBEPFLANZUNGEN*

Häufig ist nicht bekannt, dass viele Bambusarten einen Rückschnitt gut vertragen. Einige werden sogar fast ausschließlich für Formschnitte verwendet, eine Kunst, in der die Japaner wahre Meister sind.
Bambushecken weisen mehrere Vorteile auf:
– Sie sind immergrün.
– Sie sind dicht (sofern wenn man die richtige Art wählt) und bieten so einen völligen Blickschutz.

– Sie stellen einen ausgezeichneten Windschutz dar, wenn sie gut angewachsen sind.
– Sie verlangen wenig Pflege; ein- bis zweimal im Jahr düngen reicht.
– Sie erreichen schnell die gewünschte Höhe.
Die Wahl der Art hängt natürlich von der Wirkung ab, die man erzielen möchte:
– Zwerg-Bambus (*Pleioblastus, Sasaella masamuneana, Shibataea*) eignet sich hervorragend für Randbepflanzungen (20 bis 40 cm hoch);
– Einige kleine Bambusarten mit dichtem Laub und aufrechtem Wuchs, zum Beispiel *Pleioblastus chino*, lassen sich zu niedrigen Hecken formieren (50 cm bis 1 m).
– Für hohe Hecken (über 1,50 m) bieten mittelgroße Bambusarten die breiteste Palette. *Pseudosasa japonica* ist bei englischen Gärtnern sehr beliebt, während man in Frankreich bevorzugt *Semiarundinaria fastuosa*, *Semiarundinaria makinoi* oder *Phyllostachys*-Arten (*P. flexuosa, P. nigra, P. aurea* usw.) verwendet. Auch *Fargesia* kann schöne Hecken bilden.

Nichts spricht dagegen, zwei oder drei Arten nebeneinander zu pflanzen. Falls eine Art dann massiv blühen sollte, ist so wenigstens nicht die ganze Hecke beeinträchtigt.

Wenn die Basis einer groß gewordenen Hecke kahl erscheint, lässt sie sich wie andere Hecken verjüngen, indem man streifenweise die Halme am Boden abschneidet. Wenn hier dann neue, kürzere Halme gewachsen sind, können auch die anderen alten Halme bis auf den Boden zurückgeschnitten werden. Auf diese Weise bleibt die Hecke „blickdicht".

**E**ine Bambushecke (hier: *Phyllostachys nigra*) schützt ebenso wirkungsvoll vor Wind und Eindringlingen wie eine Mauer – und ist deutlich dekorativer.

### WANN UND WIE OFT WIRD EINE BAMBUSHECKE GESCHNITTEN?

Ein einziger Schnitt pro Jahr genügt. Der ideale Zeitpunkt ist dann gekommen, wenn die neuen Sprosse ihr Wachstum abgeschlossen haben und bevor die neuen Blätter erscheinen, das heißt im Allgemeinen zwischen Mai und Juni. Man schneidet mit einer manuellen oder einer elektrischen Heckenschere. Dabei reicht dieser eine Schnitt, da der oberirdische Teil nur einmal im Jahr nachwächst.

Beabsichtigt man, die Pflanzen stark zurückzuschneiden, um die Hecke niedriger zu halten, dann ist dies ebenfalls der richtige Zeitpunkt. Je nach Halmdicke verwendet man dazu eine Heckenschere oder einen Fuchsschwanz. Vergessen Sie nicht, eine Schutzbrille zu tragen, wenn Sie einen *Phyllostachys*-Busch zurückschneiden: Seine langen, schlanken Zweige und auch die Blätter können zu Augenverletzungen führen. Nach dem Schnitt bringen Sie etwas Dünger auf, um den Neustart Ihres Bambus zu unterstützen.

Bambushecke im Höhenwachstum begrenzen: Geschnitten werden muss vor dem Erscheinen der neuen Blätter.

## *BAMBUS ALS BODENDECKER*

Die zahlreichen Zwerg-Bambusarten bieten unvergleichliches Pflanzenmaterial zum Bedecken großer, sowohl offener wie geschlossener, sonniger als auch schattiger Flächen, speziell als Unterpflanzung.

### ZUM SCHUTZ VON UFERN UND BÖSCHUNGEN

An schwierigen Stellen, wo der Boden leicht erodiert, zum Beispiel an Ufern und Böschungen, wirkt Zwerg-Bambus dank seines dichten Rhizomsystems diesem Prozess entgegen. Mehrere Arten mit breiten, hängenden Blättern wachsen auch in der Natur in der Nähe von Ufern. Das ist beispielsweise der Fall bei *Sasa tessellata*, der deshalb gut in eine vergleichbare Gartensituation passt.

### ALS ALTERNATIVE ZUM RASEN

Überall dort, wo man nicht befürchten muss, dass er zertreten wird, kann Bambus eine Rasenfläche ersetzen. Darüber hinaus erweitert der Bambus die Gestaltungsmöglichkeiten des Gärtners: Kein Rasen hat panaschiertes Laub wie *Pleioblastus fortunei* oder weist so große Blätter auf wie einige der zwergigen *Pleioblastus*-Arten. Ein Rasen aus Zwerg-Bambus (z.B. *Pleioblastus distichus*) bietet darüber hinaus den Vorteil, dass er nur einmal im Jahr gemäht werden muss; am besten

*Pleioblastus fortunei* (Syn. *P. variegatus* 'Fortunei').

**E**in *Pleioblastus distichus* (Syn. *P. pygmaeus* var. *distichus*), der als Rasen dient, muss nur einmal jährlich gemäht werden!

im Spätwinter, bevor das neue Laub erscheint. So erspart man sich die allwöchentliche Plackerei des Rasenmähens. Wichtig ist aber, gleich anschließend zu düngen.

Möchte man einen zu hoch gewordenen Bambusteppich stark stutzen, muss man dies gegen Mitte Juli tun.

### ALS UNTERWUCHS UND SAUMBEPFLANZUNG

Hier bietet sich ein weiterer bevorzugter Platz für Zwerg-Bambus. Im Garten können Arten, die am Naturstandort im Unterholz wachsen (z.B. *Shibataea kumasaca* oder *Pleioblastus viridistriatus*), zwischen oder unter Gehölzen verwendet werden. Bei Immergrünen oder Nadelgehölzen kann zusätzliches Wässern nötig sein. Im Allgemeinen behindert aber eine zu starke Beschattung das Wachstum des Bambus.

Am Waldrand sind Arten mit überhängender, geneigter Wuchsform, wie zum Beispiel *Sasaella masamuneana* 'Albostriata' oder *Sasa veitchi*, zu bevorzugen, die in der Nähe eines Haines aus Riesen-Bambus wunderbar aussehen. Das Gleiche gilt für Arten mit hängendem Wuchs wie *Sasa tessellata*, da sie einen fließenden Übergang zum restlichen Garten bilden.

Die waldähnliche Flächenausbreitung ermöglicht die Verwendung des Bambus als „Rahmenpflanze". In gemähten Bereichen, wo Bambusrhizome keine Halme tragen, können inselartig eingepflanzte Stauden oder Gehölze gut gedeihen. In artenreichen Staudenbeeten ist das Licht- und Schattenspiel einzelner *Phyllostachys*-Halme ein besonderes Gestaltungselement; Blütensträucher sehen durch eingestreute Bambushalme im Winter nicht so trist aus.

## BAMBUS ALS KÜBELPFLANZE

Einen Bambus im Topf zu kultivieren, verlangt etwas Aufmerksamkeit und die Beachtung einiger grundlegender Bedingungen. Der überwiegende Anteil der Bambusarten, die wir nachfolgend vorstellen, gedeiht im Freiland wie im Kübel.

## WELCHE GEFÄSSE EIGNEN SICH?

Das Angebot an Pflanzgefäßen ist groß und vielfältig. Wichtig ist, einen großen Kübel zu wählen und darauf zu achten, dass er Wasser-Abzugslöcher hat. Als Anhaltspunkt kann gelten, dass ein ausgewachsener Zwerg-Bambus einen 15- bis 20-Liter-Topf braucht, ein kleiner Bambus von 1 bis 3 m Höhe 40 bis 100 Liter und ein Riesen-Bambus mindestens 500 Liter. Plastikcontainer mit Griffen sind zwar nicht besonders schön, erweisen sich aber als nützlich bei großen Pflanzen, die im Winter hereingeholt werden müssen.

**Unten:** Das Besondere an *Chimonobambusa quadrangularis* sind die vierkantigen Halme.

## DAS OPTIMALE SUBSTRAT

Zum Eintopfen empfiehlt sich eine Mischung aus 20 % Lehm, 30 % Kompost, 20 % Rindenkompost (statt Torf), 30 % Bimskies oder Blähton.

## RICHTIG GIESSEN

Bambus braucht ein ständig feuchtes Substrat, besonders in der Zeit, wenn die Sprosse austreiben. Sowohl ein zu nasser Wurzelballen über längere Zeit als auch Trockenheit schaden der Pflanze.

Wachstum und Widerstandskraft der Pflanzen gegenüber Krankheiten hängen direkt von der Wasserqualität ab. Der Kalkgehalt, also die Härte des Wassers, ist in vielen Regionen zu hoch; dann verändert der Kalk den Säuregehalt des Bodens und verhindert die Aufnahme bestimmter Mineralien durch die Wurzeln. Bei humosen, lehmhaltigen, gut durchlüfteten Substraten tritt dieses Problem selten auf. Vorbeugend kann man auch mit weichem Regenwasser gießen. Sie können den Kalkgehalt senken, indem Sie einen Löffel Essig oder ein paar Tropfen Salzsäure in die Gießkanne geben. Bei der Zugabe von Salzsäure muss man vorsichtig dosieren, da der pH-Wert sprunghaft ansteigt. Das Problem von Chlor im Brauchwasser stellt sich immer weniger, da es mehr und mehr durch eine Ozon-Behandlung ersetzt wird.

**U**nten: *Sasa palmata* 'Nebulosa' wirkt im Gegenlicht besonders herrlich.

### AUSGEWOGEN DÜNGEN

Kübelpflanzen wachsen in einem viel kleineren Erdvolumen als im Freiland und entnehmen diesem ständig Nährstoffe. Deshalb muss der Bambus auch häufiger gedüngt werden. Wir empfehlen drei Rasendünger-Gaben jährlich:

- im April, wenn die Sprosse zu wachsen beginnen,
- im Juni, wenn das Wachstum der Rhizome wieder einsetzt,
- im September, wenn die Rhizome Vorräte für den Winter speichern.

## BAMBUS ALS ZIMMERPFLANZE

Tropische Bambusarten finden in Wintergärten oder auch in Gewächshäusern einen behaglichen Platz mit reichlich Licht, ausreichender Wärme auch im Winter und genügend hoher Luftfeuchtigkeit.

In Wohnungen hingegen ist bei vielen Bambusarten mit Schwierigkeiten zu rechnen:

- Die Luft ist trocken, vor allem bei Zentralheizungen.

– Das Licht nimmt mit zunehmender Entfernung vom Fenster sehr schnell ab.
– Die Temperatur, die sich in der Regel konstant um 20 °C hält, erweist sich bei einigen Arten im Sommer als unzureichend und im Winter als etwas zu hoch.

An der Temperatur in der Wohnung kann man nur wenig ändern, denn unsere Bedürfnisse und die der Pflanzen sind einfach zu verschieden; in Bezug auf ein ausreichendes Lichtangebot sollte ein Bambus am besten weniger als 1 m von einem Nordfenster und weniger als 3 m von einem nach Süden ausgerichteten Fenster entfernt stehen.

Die Luftfeuchtigkeit eines ganzen Raumes dauerhaft zu erhöhen, ist nicht einfach; man kann aber Luftbefeuchter im Handel kaufen, die einen sehr feinen Nebel im Raum verteilen. Doch abgesehen von ihrem recht hohen Kaufpreis müssen sie mit teurem, destilliertem Wasser gespeist werden. Einfacher ist es, mit Hilfe wassergefüllter Gefäße in unmittelbarer Nähe oder durch Verwendung von Heizkörper-Luftbefeuchtern ein feuchtes Mikroklima um den Bambus herum zu schaffen; durch das Hinzustellen einiger anderer Grünpflanzen wird diese Maßnahme noch verstärkt.

Unter den Bambusarten, die wir Ihnen in den Pflanzenporträts im zweiten Teil dieses Buches vorstellen, eignen sich für die Zimmerkultur *Otatea acuminata, Bambusa multiplex* und seine Sorten, sowie *Bambusa ventricosa* am besten. Sie brauchen allerdings sehr viel Licht. *Bambusa vulgaris* und *B. oldhamii* tolerieren auch dunklere Standorte.

Selbst stark Ausläufer treibende Bambusse (hier: *Chimonobambusa marmorea*) können sich an schwierige Lebensbedingungen anpassen, wenn man sie ausreichend gießt und düngt.

## ÜBERSICHT DER WICHTIGSTEN BAMBUSARTEN UND -SORTEN

| Botanischer Name | Frosthärte | Größe | Wuchsform | Lichtbedarf |
|---|---|---|---|---|
| *Bambusa multiplex* 'Alphonse Karr' | –5 °C | 2 bis 4 m | Horst bildend | ☼ ◐ |
| *Bambusa multiplex* 'Golden Goddess' | –5 °C | 0,6 bis 2 m | Horst bildend | ☼ ◐ |
| *Bambusa ventricosa* | 0 °C | 2 bis 4 m | Horst bildend | ☼ ◐ |
| *Chimonobambusa marmorea* | –10 °C | 0,6 bis 2 m | Ausläufer | ◐ |
| *Chimonobambusa quadrangularis* | –10 °C | 0,6 bis 2 m | viele Ausläufer | ◐ ● |
| *Chimonobambusa tumidissinoda* | –10 °C | 0,6 bis 2 m | viele Ausläufer | ● |
| *Chusquea coronalis* | 0 °C | 0,6 bis 2 m | Horst bildend | ◐ ● |
| *Fargesia murieliae* | –26 °C | 2 bis 4 m | Horst bildend | ● |
| *Fargesia nitida* | –28 °C | 2 bis 4 m | Horst bildend | ● |
| *Hibanobambusa tranquillans* | –18 °C | 0,6 bis 2 m | viele Ausläufer | ☼ ◐ ● |
| *Hibanobambusa tranquillans* 'Shiroshima' | –18 °C | 0,6 bis 2 m | Ausläufer | ☼ ◐ ● |
| *Indocalamus latifolius* | –18 °C | 0,6 bis 2 m | wenig Ausläufer | ☼ ◐ |
| *Otatea acuminata* | –5 °C | 2 bis 4 m | Horst bildend | ☼ |
| *Phyllostachys aurea* | –15 °C | 2 bis 4 m | wenig Ausläufer | ☼ ◐ ● |
| *Phyllostachys Aureosulcata* 'Spectabilis' | –25 °C | über 4 m | viele Ausläufer | ☼ ◐ |
| *Phyllostachys bambusoides* 'Castillionis' | –15 °C | über 4 m | Ausläufer | ☼ ◐ |
| *Phyllostachys bissetii* | –25 °C | über 4 m | viele Ausläufer | ☼ ◐ |
| *Phyllostachys flexuosa* | –22 °C | 2 bis 4 m | wenig Ausläufer | ☼ ◐ |
| *Phyllostachys nigra* | –20 °C | 2 bis 4 m | wenig Ausläufer | ☼ ◐ |
| *Phyllostachys nuda* | –25 °C | 2 bis 4 m | Ausläufer | ☼ ◐ |
| *Phyllostachys pubescens* | –15 °C | über 4 m | Ausläufer | ☼ |
| *Phyllostachys pubescens* 'Bicolor' | –15 °C | 2 bis 4 m | Ausläufer | ☼ |
| *Phyllostachys pubescens* 'Heterocycla' | –15 °C | 2 bis 4 m | wenig Ausläufer | ☼ |
| *Phyllostachys sulpurea fo. viridis* | –18 °C | über 4 m | wenig Ausläufer | ☼ |
| *Phyllostachys viridiglaucescens* | –22 °C | über 4 m | viele Ausläufer | ☼ |
| *Phyllostachys vivax* | –22 °C | über 4 m | Ausläufer | ☼ |
| *Phyllostachys vivax* 'Aureocaulis' | –22 °C | über 4 m | Ausläufer | ☼ |
| *Pleioblastus chino* 'Elegantissimus' | –20 °C | 0,6 bis 2 m | Ausläufer | ☼ ◐ |
| *Pleioblastus distichus* | –20 °C | unter 0,6 m | Ausläufer | ☼ ◐ |
| *Pleiobastus fortunei* | –23 °C | unter 0,6 m | wenig Ausläufer | ☼ |
| *Pleioblastus hindsii* | –12 °C | 2 bis 4 m | Ausläufer | ☼ ◐ ● |
| *Pleioblastus linearis* | –18 °C | 0,6 bis 2 m | Ausläufer | ◐ |
| *Pleiobastus viridistriatus* | –22 °C | 0,6 bis 2 m | Ausläufer | ◐ ● |
| *Pseudosasa amabilis* | –5 °C | 2 bis 4 m | wenig Ausläufer | ☼ ◐ |
| *Pseudosasa japonica* | –24 °C | 2 bis 4 m | wenig Ausläufer | ☼ ◐ ● |
| *Sasa palmata* 'Nebulosa' | –20 °C | 2 bis 4 m | viele Ausläufer | ☼ ◐ ● |
| *Sasa tessellata* | –18 °C | 0,6 bis 2 m | wenig Ausläufer | ☼ ◐ ● |
| *Sasa veitchii* | –20 °C | 0,6 bis 2 m | Ausläufer | ◐ ● |
| *Sasaella masumuneana* 'Albostriata' | –18 °C | 0,6 bis 2 m | wenig Ausläufer | ☼ ◐ ● |
| *Semiarundinaria fastuosa* | –20°C | 2 bis 4 m | Ausläufer | ☼ |
| *Semiarundinaria makinoi* | –18 °C | 2 bis 4 m | wenig Ausläufer | ☼ ◐ ● |
| *Semiarundinaria yashadakc* 'Kimmei' | –18 °C | 2 bis 4 m | wenig Ausläufer | ☼ |
| *Shibataea kumasasa* | –20 °C | unter 0,6 m | wenig Ausläufer | ◐ ● |

Licht ☼ : Sonne ◐ : Halbschatten ● : Schatten

# BAMBUS

## EMPFEHLENSWERTE ARTEN UND SORTEN

In diesem Teil stellen wir Bambusse vor, die in unseren Klimabereichen im Garten oder Pflanzgefäß kultiviert werden können. Aufgeführt werden die Bambusarten und -sorten, die wir als die besten, originellsten und repräsentativsten betrachten. Nach einer Schilderung der allgemeinen Eigenschaften der Gattung wird jede Art bzw. jede Sorte einzeln beschrieben, dazu ihre Besonderheiten in der Kultur und ihre Verwendungsmöglichkeiten.

# ZUM VERSTÄNDNIS DER PFLANZENPORTRÄTS

▲ Blatt von *Bambusa multiplex* 'Alphonse Karr'

**Name**: Die Namensgebung basiert auf dem Katalog der Bambus-Sammlung Prafrance (Süd-Frankreich, Anduze). Sie wurde aktualisiert nach Zander, Handwörterbuch der Pflanzennamen, 17. Auflage 2002, Verlag Eugen Ulmer sowie dem PPP-Index – Pflanzeneinkaufsführer für Europa, Anne und Walter Erhardt, 4. Aufl. 2000, Verlag Eugen Ulmer.

**Größe**: Anhaltspunkt ist die durchschnittliche Wuchshöhe, die in den meisten Gegenden Deutschlands erreicht wird. Wir haben die Bambusse in folgende Klassen eingeteilt:

- Zwerg-Bambus: unter 0,60 m
- Niedriger Bambus: 0,60 bis 2 m
- Mittelhoher Bambus: 2 bis 4 m
- Hoher Bambus: über 4 m

**Wuchsform**: Es gelten vier Abstufungen, je nachdem, in welchem Maße die Pflanze Ausläufer treibt: Horst bildend (keine Ausläufer), wenig Ausläufer treibend, Ausläufer treibend, stark Ausläufer treibend. Örtliche Boden- und Klimabedingungen können allerdings das Verhalten mancher Arten erheblich beeinflussen.

**Heimat**: Sie gibt das natürliche geografische Verbreitungsgebiet an, soweit es uns bekannt ist. Die aktuelle, durch den Menschen beeinflusste Verbreitung der Pflanzen wird nicht berücksichtigt, es sei denn, dies wird ausdrücklich erwähnt.

**Kultur**: Hier werden Besonderheiten der Art aufgeführt, in denen sie sich von der Gattung unterscheidet. Die Frostverträglichkeit einer Pflanze hängt von zahlreichen Faktoren ab, ganz besonders vom Mikroklima. Die angegebenen Minimumtemperaturen sind die, bei denen mit großer Wahrscheinlichkeit alle überirdischen Teile absterben. Blattschäden können schon deutlich früher auftreten; die Rhizome ertragen meist tiefere Temperaturen und ermöglichen der Pflanze, im Jahr darauf erneut auszutreiben.

# Bambusa

Die Gattung Bambusa umfasst 193, hauptsächlich in Südost-Asien heimische Arten, die in dichten Horsten wachsen. Aus jedem Knoten sprießen zahlreiche Zweige, wobei oft einer kräftiger ist als die anderen und manche in Dornen umgewandelt wurden. Das erst im Sommer einsetzende Wachstum dauert bis zum Winter an. Die Pflanzen sind frostempfindlich und müssen in unserem Klima frostfrei überwintert werden. Dafür holt man sie im Spätherbst in ein Gewächshaus oder einen Wintergarten, ohne den Winter über das Gießen einzustellen. Die Vermehrung erfolgt durch Teilung der Horste oder Halm-Stecklinge.

*Bambusa* vertragen keinen Frost und eignen sich bei uns nur als Kübelpflanzen für Wintergärten oder Wohnräume.

## *BAMBUSA MULTIPLEX* 'ALPHONSE KARR'

Seine goldgelb und grün gezeichneten Halme sind ein wahrer Blickfang; ein Star für Wintergärten und Innenräume, eine Kübelpflanze für geschützte Bereiche im Freien während des Sommers.

### ALLGEMEINE EIGENSCHAFTEN

**Größe**: Mittelhoher Bambus. Die geraden Halme bilden einen sich nach oben erweiternden Busch.
**Wuchsform**: Horst bildend.
**Synonym**: *B. m.* 'Alphonso-Karrii', *B. glaucescens* 'Alphonse Karr'.
**Wortherkunft**: „multiplex" bedeutet „mit mehreren Falten" und ist eine Anspielung auf das am Ansatz plissierte Blatt. Alphonse Karr (1808–1890) war ein französischer Journalist und Humorist, der an der Côte d'Azur seiner Leidenschaft für die Gärtnerei nachging.
**Heimat**: Züchtung; die Art stammt aus Süd-China.

Die Halme von *Bambusa multiplex* 'Alphonse Karr' sind sehr reizvoll. Sie haben einen Durchmesser von etwa 1 bis 3 cm und zeigen im jungen Stadium einen glänzenden Rosaton, der während der Reife zu Orangegelb mit grünen Streifen übergeht.

**Halme**: Junge Halme zeigen einen glänzenden Rosaton, der später zu Orangegelb mit grünen Streifen wechselt. Der Durchmesser beträgt 1 bis 3 cm.
**Blätter**: Grün, 2 cm lang, 1 cm breit.

## KULTUR

Geringe Frostverträglichkeit (etwa –5 °C, für sehr kurze Zeit eventuell auch etwas kälter). Kann selbst im milden Klima nur mit gutem Schutz vor Frost im Freien überwintern. Sicherer gelingt das im frostfreien Raum.

## VERWENDUNG

**Im Garten**: Da er als dichter Busch wächst, eignet sich dieser Bambus gut als Kübelpflanze. Er kann auch als Bonsai gezogen werden. In dieser Form wird er übrigens in China in Topf-Landschaften (Sakei) gepflanzt.

Bambusa multiplex 'Golden Goddess'

**Besonderheit**: Von den Chinesen in der Korbflechterei und Papierherstellung verwendet.

### WEITERE SORTE

■ *B. MULTIPLEX* 'GOLDEN GODDESS'

**Eigenschaften**: Niedriger Bambus, deutlich kleiner als die Art, und ebenfalls Horst bildend. Die Spitzen der Triebe hängen bogig herab. Die Halme haben einen Durchmesser von 0,5 cm und sind einfarbig grün.
**Verwendung**: Genauso frostempfindlich wie die anderen Sorten von *B. multiplex* (etwa –5 °C). Wegen seiner geringen Größe und seines buschigen Wuchses eignet er sich sehr gut für Pflanzgefäße und erst recht als Bonsai. Er kann als Zimmerpflanze gezogen werden, wenn die Luftfeuchtigkeit ausreichend hoch ist und genügend Licht durch große Fenster einfällt.

## *BAMBUSA VENTRICOSA*

Der höchst orientalisch anmutende „Buddhas-Bauch-Bambus“ mit den verdickten Halmen fühlt sich in der Wohnung wohl, wenn man ihn sehr regelmäßig gießt.

### ALLGEMEINE EIGENSCHAFTEN

**Größe**: Niedriger Bambus. Am Naturstandort bildet die Art aufrechte, etwa 10 m hohe Halme, von denen lange Zweige herabhängen.
**Wuchsform**: Horst bildend.
**Synonym**: *B. tuldoides* 'Ventricosa'.
**Wortherkunft**: „ventricosa“ = „bauchig“.
**Heimat**: Züchtung; die Art wächst in Süd-China und Vietnam.
**Halme**: Es gibt zwei Typen:
Üblich sind grüne Halme von 3 bis 5 cm Durchmesser, mit Stacheln am Ansatz. Untypisch ist, wenn jedes Internodium (von 1 bis 2 cm

Durchmesser) in seinem unteren Teil eine Verdickung aufweist, die dem Bambus den Spitznamen „Buddhas Bauch“ eingetragen hat. Wenn sie dicht aufeinander folgen, entsteht ein zickzackförmiger Halm, der nicht höher als 2 m wird.

**Blätter**: 9 bis 18 cm lang, 1 bis 2 cm breit; an einer Pflanze mit verdickten Halmen wirken die langen Blätter unproportioniert.

## KULTUR

Der „Buddhabauch“-Charakter zeigt sich bei den Pflanzen im Topf, aber auch im Freiland, offensichtlich willkürlich; die normalen Halme müssen also unbedingt entfernt werden, sobald sie erscheinen. Wenn man diesen Bambus im Freien zieht, muss man ihn sorgfältig schützen, denn er verträgt nur sehr kurzzeitig Temperaturen um 0 °C. Da er gegenüber Schildlausbefall empfindlich ist, muss er regelmäßig gegossen werden.

▼ *Bambusa ventricosa*

## VERWENDUNG

Ein Zimmerbambus, der zum Bonsai erzogen werden kann wie im Fernen Osten. Versuchen Sie, die gezackte Halmform zu bekommen, die dem Bambus zu seinem Namen verholfen hat.

## WEITERE ARTEN

■ *BAMBUSA OLDHAMII, B. VULGARIS*

Die tropischen Arten wachsen mittelhoch und dichtbuschig mit überhängenden Zweigen. Als kälteempfindliche Kübelpflanzen eignen sie sich für Wohnräume und Wintergärten, wo sie auch mit dunkleren Standorten zurecht kommen.

# Chimonobambusa

**Wortherkunft**: Chimonobambusa = „Winterbambus“ (Wachstumsperiode der Halme)

Die Gattung umfasst 38 aus Süd-China, Nord-Birma und Nord-Vietnam sowie Süd-Japan stammende Arten. Man erkennt sie an ihren (mindestens) drei Zweigen, die aus hervorstehenden Knoten sprießen, wie auch an den Luftwurzeln, die an der Halmbasis wachsen. Meistens zeigen sie den gemischten Rhizomtyp und gehören bei uns zu den am stärksten Ausläufer treibenden Bambussen. Das Kulturgefäß sollte deshalb einen möglichst großen Durchmesser haben. Man vermehrt sie durch Rhizom-Teilstücke oder Teilung.

Da sie in Deutschland nicht ausreichend frosthart sind und stark Ausläufer bilden, haben die genannten Arten im Garten nur bedingt ihren Platz. Sie eignen sich aber als Kübelpflanzen und bedingt als Zimmerpflanzen.

## *Chimonobambusa marmorea*

### ALLGEMEINE EIGENSCHAFTEN

**Größe**: Niedriger Bambus mit aufrechtem Wuchs. Die unteren Zweige sind länger als die oberen, was eine schmale Kegelform ergibt.
**Wuchsform**: Ausläufer treibend.
**Wortherkunft**: „marmorea“ = „marmoriert“; ein Hinweis auf das Aussehen der Halmscheiden.
**Heimat**: Südost-China.
**Einführung** in Europa: Durch den Baumschuler Latour-Marliac 1889 von Japan nach Frankreich eingeführt.
**Halme**: Dünn (0,5 bis 2 cm); bläulich, wenn sie im Frühherbst zu wachsen beginnen, dann allmählich grün werdend. Bekommen sie Sonne, nehmen sie einen sehr schönen Purpurton an. Lange, bleibende Halmscheiden von marmoriertem Beige bis zu Rotbraun schützen jedes Internodium auf ganzer Länge und stellen einen der Hauptreize dieses Bambus dar.
**Blätter**: 5 bis 19 cm lang, 0,5 bis 1,5 cm breit, im Ganzen unbehaart. Entwickeln sich sechs Monate nach dem Erscheinen des Halmes und bilden ein schönes grünes Blattwerk.

*C. marmorea* 'Variegata' ▶

▲ Trieb von *Chimonobambusa quadrangularis*

#### KULTUR

Er ist bedingt winterhart (bis etwa –10 °C) und schätzt wie seine Artgenossen einen geschützten Standort im Halbschatten. Die austreibenden Sprosse im September/Oktober machen ihn empfindlich gegenüber frühem Frost. Er mag kühle, ja sehr feuchte Böden und verträgt keine Trockenheit.

#### VERWENDUNG

Ein Auspflanzen ist nur in geschützten Innenhöfen in sehr milden Gegenden zu empfehlen. Besser kultiviert man den Bambus als Kübelpflanze und überwintert ihn frostfrei. Er toleriert sogar eine Kultur als Zimmerpflanze.

## *CHIMONOBAMBUSA QUADRANGULARIS*

Dieser Bambus, um den sich viele Mythen ranken, ist die einzige Art mit natürlicherweise vorkommenden vierkantigen Halmen.

#### ALLGEMEINE EIGENSCHAFTEN

**Größe**: Niedriger Bambus mit aufrechtem Wuchs.
**Wuchsform**: Stark Ausläufer bildend.
**Wortherkunft**: „quadrangularis“ = „vierkantig“.
**Heimat**: Süd-China, Nord-Vietnam, von 1200 bis 2000 m, zusammen mit immergrünen Gehölzen. Am Naturstandort vom Aussterben bedroht.
**Einführung in Europa**: 1870 (Italien).
**Halme**: Grün, 1 bis 4 cm Durchmesser, entwickeln mit dem Alter ein viereckiges Internodium mit abgerundeten Kanten. Die Knoten sind deutlich verdickt; die untersten am Halm weisen kleine Spitzen als Andeutungen von Luftwurzeln auf.
**Blätter**: Gebogen, bis 15 cm lang, 1 bis 2,5 cm breit, flaumige Unterseite, glänzende Oberseite. Das Laub wirkt von weitem wie ein Wasserfall, der einen Felsen hinunterstürzt.

▶ In diesem „subtropischen“ Stimmungsbild, das in Süd-England aufgenommen wurde, dominiert die Hanfpalme *Trachycarpos fortunei* ein Beet mit *C. quadrangularis*.

▲

*Chimonobambusa tumidissinoda*: Dieser ideale Wald-Bambus schätzt sehr hohe Luftfeuchtigkeit und eine große Niederschlagsmenge; er fühlt sich im Schatten oder Halbschatten wohl.

**KULTUR**

Die Pflanze verträgt bis –15 °C, doch das Laub wird bereits ab –10 °C geschädigt. Die jungen Sprosse erscheinen im Herbst und Winter zu einer Zeit, in der sie empfindlich auf frühen Frost reagieren. Deshalb ist diese Art eher für milde Gebiete und als Kübelpflanze für ungeheizte Wintergärten zu empfehlen.

**VERWENDUNG**

Im Freiland bildet er einzeln stehende Büsche. 10 bis 20 $m^2$ sind notwendig, wenn man ihn zur Geltung bringen will. Allerdings kann er sich auch an große Töpfe gewöhnen und eignet sich als Zimmerpflanze für einen hellen Raum, der im Winter kaum oder gar nicht geheizt wird. Er wird häufig in japanischen Tempeln gepflanzt.

**WEITERE ARTEN**

■ *CHIMONOBAMBUSA TUMIDISSINODA*

Edler, niedriger Bambus mit aufrechtem Wuchs, starker Ausläuferbildung und hohem Platzbedarf. Er wächst gerne in engen, schattigen Schluchttälern mit feuchtem Unterholz und hohe Luftfeuchte. Leider wird er selten kultiviert.
Eine Besonderheit sind die auffälligen Halme („tumidissinoda" = „mit stark verdickten Knoten").
Mit einer schützenden Schneedecke verträgt er mäßige Kälte (etwa –10, maximal –15 °C). Ein nährstoffreicher, saurer, feuchtigkeitsspeichernder und durchlässiger Boden begünstigt seine Entwicklung.

# Chusquea

**Wortherkunft**: Chusquea ist der Name für Bambus in einer indianischen Sprache.

Etwa 200 Arten umfassende Gattung – von denen manche sicherlich Hybriden sind –, die sich von Mexiko bis zum südlichen Chile ausbreiten. *Chusquea*-Arten wachsen hauptsächlich in tropischen Bergwäldern. In diesen Lebensräumen mit hoher Luftfeuchtigkeit halten sie häufig Nachtfröste aus; dies aber nur, wenn die Temperatur am Tage wieder auf über 0 °C steigt. Ihre gebirgige Heimat ist also keine Garantie für Winterhärte in unseren Gärten. In ihrem Aussehen heben sie sich durch relativ kurze Internodien und zwei Zweigtypen ab, wobei um einen dicken, zentralen Trieb herum zahlreiche kleine Zweige wachsen.

Die aus Südamerika stammenden *Chusquea* sind wenig winterhart und eignen sich gut für Gärten in mildem Klima mit hoher Luftfeuchte, wo ihr originelles Aussehen den Blick auf sich zieht.

Ihre Wuchsform variiert je nach Art: Sie bilden Ausläufer, Horste oder beides; man vermehrt sie vor allem durch die Teilung der Horste.

*Chusquea* spec. ▶

## CHUSQUEA CORONALIS

Sehr schöner Zimmer-Bambus mit kleinen, in Stockwerken angeordneten Blättern. Seine kürzlich erfolgte Blüte hat die Gärtner dazu gezwungen, ihren Vorrat an Mutterpflanzen zu erneuern; es ist also nicht leicht, ihn zu bekommen.

### ALLGEMEINE EIGENSCHAFTEN

**Größe**: Mittelhoher Bambus. Der Wuchs ist zunächst aufrecht, dann neigt sich die Pflanze und tendiert zum Klettern; sie bedient sich dazu kleiner, nach unten weisender Haken am Halm, aber auch an den Halmscheiden.

**Wuchsform**: Horst bildend.

**Wortherkunft**: „coronalis“ = „kronenähnlich“; bezieht sich auf die Anordnung der Zweige um den Knoten.

**Heimat**: Von Mexiko bis nach Costa Rica, von 600 bis 1500 m, in feuchten Schluchten.

**Halme**: Zierlich (5 bis 8 mm Durchmesser), mit attraktiven Halmscheiden, die mit zunehmendem Alter von Grün zu Orangebraun wechseln; diese sind mit festen, rötlich schwarzen Haaren bewachsen, die der Pflanze das Festhalten ermöglichen.

**Blätter**: Sehr zart (5 cm lang und 0,5 cm breit), hellgrün, sitzen an etwa 20 Zweigen, die aus jedem Knoten hervorsprießen.

### KULTUR

Da er aus tropischen Wäldern stammt, sollte die Temperatur 0 °C nicht unterschreiten. Auf Nummer sicher geht man, wenn er nie unter +5 °C steht. Zudem muss die Luftfeuchtigkeit relativ hoch sein. Damit er gut gedeiht, sollte man ihm nährstoffreiche, lockere Qualitätserde bieten, die man nicht austrocknen lässt.

### VERWENDUNG

Dieser kälteempfindliche, Horst bildende Bambus eignet sich hervorragend als Kübelpflanze für den Wintergarten oder als Zimmerpflanze.

# FARGESIA

**Wortherkunft**: Dem französischen Missionar in West-China, Paul Farges (1844–1912), gewidmet.

83 Arten hauptsächlich in China und Vietnam bilden diese Bambus-Gattung, die man besonders an ihren Zweigen (3 oder mehr), ihren kleinen, sehr zahlreichen Blättern und ihren schmalen, bleibenden Halmscheiden erkennt.

Im Unterschied zu den tropischen und subtropischen Chusquea-Arten stammt dieser Bambus aus Höhenlagen gemäßigter Bereiche (etwa 1000 bis 4000 m) und ist sehr winterhart. Ungewöhnlich ist, dass er keine Ausläufer, sondern Horste bildet. Er eignet sich hervorragend für kleine Flächen oder Kübel. Jedes Jahr im Herbst verliert er einen Teil seines Laubes, das sich in ein Mosaik aus Goldgelb- und Grüntönen verfärbt. Man vermehrt ihn durch Teilung der Horste.

*Fargesia* sind sehr winterhart und haben die seltene Eigenschaft, keine Ausläufer zu bilden, so dass sie neben anderen Pflanzen stehen können, ohne diese zu durchwachsen. Sie bevorzugen kühle, schattige Standorte.

▼ *Fargesia murieliae*

## FARGESIA MURIELIAE

Durch sein bis zum Boden herabhängendes Laub wirkt dieser Bambus wie ein pflanzlicher Springbrunnen.

### ALLGEMEINE EIGENSCHAFTEN

**Größe**: Mittelhoher Bambus, dessen Halme dichte Büschel bilden und bis zum Boden bogig herabhängen. Es gibt zahlreiche Sorten, die sich in Wuchs und Vitalität unterscheiden.
**Wuchsform**: Horst bildend.
**Wortherkunft**: „murieliae" = „von Muriel", zu Ehren von Muriel Wilson. Sie war die Tochter des großen britischen Pflanzensammlers in China, Ernest Wilson, der diesen Bambus in den Vereinigten Staaten einführte.
**Heimat**: Südliches Zentral-China, von 1600 bis 3000 m.
**Einführung in Europa**: Die in Europa kultivierten Pflanzen sollen Nachkommen der Samen sein, die Wilson 1910 in die USA geschickt hat.
**Halme**: Dünn (0,5 bis 1,5 cm Durchmesser) und biegsam; sie sind im Jugendstadium weiß bemehlt, werden später aber gelblich grün.
**Blätter**: 10 cm lang und 1,2 cm breit. Das springbrunnenartig herabhängende Laub wird in China auch mit einem Regenschirm verglichen.

### KULTUR

Er ist sehr winterhart (je nach Sorte und Standort –18 bis –26 °C) und gedeiht gut an Standorten mit frischem Boden ohne lang anhaltende Trockenperioden.

### VERWENDUNG

Der kompakte, dichte Bambus eignet sich gut für kleine Gärten, denen er durch seinen hängenden Wuchs Dynamik verleiht. Doch wird er etwa so breit wie hoch. Aus diesem Grund ist eine Kultur in Pflanzgefäßen durchaus sinnvoll. Im Kübel ist der Wurzelbereich dem Frost ausgesetzt und muss unbedingt geschützt werden.

## FARGESIA NITIDA

Ein Juwel mit dunklen Halmen und üppigem Laub für kleine, schattige Gärten.

### ALLGEMEINE EIGENSCHAFTEN

**Größe**: Mittelhoher Bambus. Schmaler Busch mit aufrechtem oder hängendem Wuchs.
**Wuchsform**: Horst bildend.
**Wortherkunft**: „nitida" = „glänzend" (die Blätter).
**Heimat**: Nordost-China, von 2400 bis 4100 m Höhe, an feuchten Hängen, zusammen mit Tannen, Birken, Eichen, Ebereschen.
**Einführung in Europa**: Die meisten unserer Pflanzen sind aus Samen hervorgegangen, die 1889 nach England importiert wurden.
**Halme**: Durchmesser 1 bis 2 cm; sie gehen mit zunehmendem Alter in Blauschwarz über. Die Scheiden bleiben bestehen. Das Wachstum der Halme setzt im Spätfrühling ein. Die zahlreichen Zweige entwickeln sich erst im Jahr darauf.
**Blätter**: Dicht, klein (4 bis 8 cm lang, 0,5 bis 1 cm breit), glänzend grün, sitzen an einer purpurfarbenen Blattscheide.

### KULTUR

Der aus Bergwäldern stammende Bambus schätzt einen kühlen, schattigen Standort im Garten. Er ist sehr empfindlich gegenüber Lufttrockenheit; seine Blätter rollen sich auf eigentümliche Weise ein, wenn er Wind ausgesetzt ist. Aufgrund seiner Herkunft ist er einer der frostverträglichsten Bambusse (je nach Sorte und Standort bis –18 bis –28 °C).

### VERWENDUNG

**Im Garten**: Durch seine Kompaktheit ist er wertvoll für kleine Flächen: 2 bis 3 m$^2$ genügen. Daher passt er gut in Kübel und Tröge.
**Besonderheit**: In China dienen die Halme als Stützen für kletternde Speisepflanzen oder auch für die Herstellung der traditionellen langen Pfeifen. In seiner Ursprungsgegend wird er von den Riesen-Pandas verspeist.

*Fargesia nitida* (siehe auch Foto Seite 26)

# HIBANOBAMBUSA

Hier handelt es sich um eine der seltenen bekannten Hybriden aus zwei Bambus-Gattungen, die wahrscheinlich aus der gleichzeitigen Blüte einer *Sasa-* und einer *Phyllostachys*-Art in Süd-Japan am Ende des 19. Jahrhunderts hervorgegangen ist.

**Wortherkunft**: „Bambus des Berges Hiba", der nördlich von Hiroshima (im Südwesten Japans) liegt.

*Hibanobambusa* umfasst nur eine (vielleicht zwei) Arten. Er hat von *Sasa* die großen Blätter sowie nur einen Zweig an jedem Knoten geerbt, und verdankt *Phyllostachys* seine langen Halme, die sich durch eine Einkerbung (Sulcus) in den Internodien sowie abfallende Halmscheiden auszeichnen. Zu vermehren durch Rhizom-Teilstücke oder Teilung.

## *HIBANOBAMBUSA TRANQUILLANS*

Ein Bambus mit langen, schlanken Halmen, dessen Blätter von unten gegen das Sonnenlicht betrachtet besonders schön aussehen.

### ALLGEMEINE EIGENSCHAFTEN

**Größe**: Niedriger Bambus. Buschig, mit überhängenden Zweigen.
**Wuchsform**: Stark Ausläufer bildend.
**Einführung in Europa**: 1980 von Japan nach Frankreich.
**Wortherkunft**: „tranquillans" = „der beruhigt".
**Heimat**: Südosten Japans. Man nimmt an, dass er ein Hybrid ist aus *Phyllostachys nigra* 'Henonis', einem chinesischen Riesen-Bambus, der schon lange in Japan eingeführt war, und *Sasa veitchii*, einer japanischen Zwergart.
**Halme**: Der Spross mit den sehr lang gezogenen Internodien hat einen Durchmesser von 1 bis 3 cm. Die breiten Scheiden, die zuweilen länger werden als die Internodien, bleiben zwei bis drei Monate bestehen.
**Blätter**: Das breite Blatt (4 bis 5 cm) steht rechtwinklig zum Halm und ist die Hauptzierde an dieser Pflanze.

### KULTUR

Im Hinblick auf den Standort ist er nicht anspruchsvoll, doch man sollte vermeiden, ihn kaltem Wind auszusetzen. Dann verträgt er kurzzeitig Temperaturen von –18 °C, an geschützten sogar bis –25 °C.

### VERWENDUNG

Der Ausläufer bildende Bambus verlangt etwas Platz, im Idealfall 10 bis 20 m$^2$. Das dichte Laub hat ihn in Japan für Heckenpflanzungen beliebt gemacht – eine gute Idee zum Nachmachen!

*Hibanobambusa tranquillans* 'Shiroshima'

### WEITERE SORTE

■ *H. TRANQUILLANS* 'SHIROSHIMA'

Diese panaschierte Sorte („Shiroshima" bedeutet auf japanisch „mit weißen Streifen") ist mit 1,5 m etwas kleiner als die Art. Sie bildet ebenfalls Ausläufer; die Halme sind ähnlich, manchmal aber cremefarben gestreift. Ihre im Austrieb leicht rosa angehauchten Blätter sind auffällig panaschiert. Das hat ihr in Japan den Namen „Yin und Yang-Bambus" eingebracht – als Anspielung auf das taoistische Symbol, in dem Hell und Dunkel ineinander greifen. Zu verwenden als Einzelbusch oder breite Hecke.

# INDOCALAMUS

Ähnlich wie *Sasa* vereinen *Indocalamus*-Arten üppiges Laub und sehr leichte Kultur miteinander.

**Wortherkunft**: Bedeutet „indische Binse".

Etwa 30 Arten aus China, Indien, Malaysia und den Philippinen umfasst diese Gattung kleiner Bambusse mit der Mischform beider Rhizomtypen. Wie bei *Sasa*, denen sie botanisch sehr nahe stehen, bildet sich an jedem Knoten ein einziger Zweig, der fast so dick ist wie der Halm selbst; dieser hat eine abgeflachte Form. Dieser Bambus besitzt bleibende Halmscheiden. Die Vermehrung erfolgt durch Teilung oder Rhizom-Teilstücke.

## *INDOCALAMUS LATIFOLIUS*

Eine noch wenig bekannte Art, die durch ihren aufrechten, dichten Wuchs, kombiniert mit den großen Blättern, sehr wertvoll ist.

### ALLGEMEINE EIGENSCHAFTEN

**Größe**: Niedriger Bambus. Die streng aufrechten, dichten Halme bilden einen Busch, der sich nach oben leicht verbreitert.

**Wuchsform**: Bildet wenig Ausläufer.

**Synonyme**: *Arundinaria latifolia, Sasa latifolia.*

**Wortherkunft**: „latifolius" = „breitblättrig"

**Heimat**: Westliches Zentral-China über 1000 m an sonnigen Hängen und Ufern.

**Halme**: Schlank (0,5 cm Durchmesser), leicht flaumig; sie stecken in engen, bleibenden, beigefarbenen Scheiden, die kürzer sind als die Internodien.

**Blätter**: Groß (10 bis 40 lang und 2 bis 8 cm breit), einzeln oder je zwei bis drei pro Zweig; Unterseite gräulich graugrün mit einigen vereinzelten Wimpern.

### KULTUR

Winterhart bis –18 °C. Wegen der breiten Blätter sind sehr windige Standorte zu meiden; genauso zu schattige, die eine optimale Entwicklung beeinträchtigen.

**VERWENDUNG**

**Im Garten**: Solitär, als Kübelpflanze, als Saumpflanze entlang von Wegen.

**Besonderheit**: Aus den harten Halmen werden Ess-Stäbchen und Federhalter hergestellt; seine Blätter verwendet man zum Einwickeln von gekochtem Reis – wie ein Papier zum Einpacken von Butterbrot.

# OTATEA

Die beschriebene Art gehört zu den seltenen Bambussen, die an trockene und leicht kalkhaltige Standorte angepasst sind. Sie fürchten weder große Hitze noch südliche Sonne, sind aber leider nicht winterhart.

**Wortherkunft**: Die botanische Bezeichnung *Otatea* stammt vom Nahuatl-Wort „Otate", die Bezeichnung für diesen Bambus in Mexiko.

Die Arten stammen aus dem mexikanischen und mittelamerikanischen Bergland. Mit Horst bildenden Rhizomen versehen, wachsen sie in lockeren Büschen. Ihre Halme sind selten hohl, und die bräunlichen, rauen Halmscheiden lösen sich mit der Zeit ab. Vermehrbar durch Teilung oder Halm-Stecklinge.

## *OTATEA ACUMINATA*

Ein tropischer Bambus mit einzigartigem Aufbau, der an einen Riesen-Schachtelhalm erinnert.

### ALLGEMEINE EIGENSCHAFTEN

**Größe**: Mittelhoher Bambus. Buschig mit stark herabhängenden Zweigen.
**Synonym**: *Otatea acuminata* subsp. *aztecorum*.
**Wuchsform**: Horst bildend.
**Wortherkunft**: acuminata = „lang zugespitzt"; aztecorum = „von den Azteken".
**Heimat**: West-Mexiko, von 500 bis 1600 m, in trockenen Wäldern mit Laub abwerfenden Eichen, Akazien und Weißgummibäumen (*Bursera*).
**Halme**: 2 bis 4 cm Durchmesser; treiben im Sommer aus; die bleibenden Halmscheiden sind mit kurzen, rotbraunen Haaren bedeckt.
**Blätter**: Sehr lang und schmal (30 cm lang und 0,5 cm breit), scheinen direkt von den Halmen herabzuhängen.

### KULTUR

*Otatea* ist ein Wald-Bambus, der einen warmen, feuchten Sommer und im Winter (von Oktober bis Mai) eine Trockenperiode braucht. Wärme und Licht sind ihm willkommen, doch Frost verträgt er nicht. Deshalb sollten Sie vermeiden, ihn einer längeren Periode unter +5 °C bis maximal

0 °C auszusetzen. Er wächst am Naturstandort in nährstoffarmen, sehr durchlässigen Böden.

## VERWENDUNG

Durch ihre fiedrigen, hängenden Blätter, die von den oberen Halmteilen getragen werden, und den kompakten Wuchs ist diese Pflanze eine originelle Erscheinung und eignet sich hervorragend für große Pflanzgefäße in einem Wintergarten oder für eine große, lichtdurchflutete Wohnung.

**Besonderheit**: In Mexiko werden die Halme zur Herstellung von Körben, Spazierstöcken oder auch Besenstielen verwendet.

# *PHYLLOSTACHYS*

Am passenden Platz liefert diese Gattung die größten und sicherlich auch die schönsten Bambusse; mächtige Halme und Unmengen von Blättern bereichern den Garten auf bemerkenswerte Weise.

Wortherkunft: „Beblätterte Ähre“ (griechisch); Hinweis auf den mit Blättern versehenen Blütenstand.

Die 76 Arten, die zur Gattung *Phyllostachys* gehören, stammen alle aus China. Einige von ihnen wurden einst in Japan, Korea und Indochina eingeführt, wo sie mittlerweile heimisch geworden sind. Bei *Phyllostachys* wachsen die Zweige paarweise aus dem Knoten, wobei ein Zweig dicker ist als der andere. Sie lassen eine charakteristische, tiefe Einkerbung (Sulcus) auf dem Internodium entstehen. Die Vermehrung erfolgt durch Rhizom-Teilstücke oder Teilung.

## *PHYLLOSTACHYS AUREA*

Der Goldrohrbambus ist ein Schmuckstück für Gärten in milden Klimazonen.

### ALLGEMEINE EIGENSCHAFTEN

**Größe**: Mittelhoher Bambus von aufrechter Wuchsform.
**Wuchsform**: Wenig Ausläufer bildend.
**Wortherkunft**: „aurea“ = „golden“ (der Halm).
**Heimat**: Süd-China.
**Halme**: Blassgrün, in sonnengelb übergehend.
Blätter: Hellgrün (10 cm lang, 1 bis 2 cm breit).

### KULTUR

Diese Art ist sehr verbreitet, weil sie sehr einfach zu kultivieren und sehr anpassungsfähig ist.

Außerdem verträgt sie in milden Gebieten und an geschützten Plätzen Kälte bis –15 °C; die Blätter können aber schon ab –12 °C geschädigt werden, wenn es windig ist. Der Bambus kann seine subtropische Herkunft eben nicht verleugnen.

#### VERWENDUNG

**Im Garten**: Sehr flexibel, als Wäldchen oder einzelner Busch zu pflanzen, als frei wachsende oder geschnittene Hecke, wie auch in Kübeln und Pflanzkästen.
**Besonderheit**: Aus den Halmen werden in China Spazierstöcke und Angeln, aus den Rhizomen elegante Regenschirmknäufe hergestellt.

## *PHYLLOSTACHYS AUREOSULCATA* 'SPECTABILIS'

Diese fast dreifarbige Form verbindet Winterhärte und Schönheit miteinander. Deshalb verdient sie es, häufiger gepflanzt zu werden.

#### ALLGEMEINE EIGENSCHAFTEN

**Größe**: Hoher Bambus mit aufrechtem Wuchs.
**Wuchsform**: Stark Ausläufer bildend.
**Wortherkunft**: „aureosulcata" = „gelb gefurcht"; „spectabilis" = „bemerkenswert".
**Heimat**: Die Chinesen betrachten diese Sorte als Art, die wild auf dem Berg Yuntai im Norden der Provinz Jiangsu (Ostchina) vorkommt.
**Einführung in Europa**: 1986.
**Halme**: 3 bis 4 cm Durchmesser, goldgelb, färben sich im Frühling teilweise rot, wenn sie Sonne bekommen. Jedes Internodium wird von einer zartgrünen Einkerbung (Sulcus) betont. Die Basis weist häufig ein oder zwei gebogene Internodien auf, die der Pflanze einen zusätzlichen Reiz verleihen.
**Blätter**: 10 cm lang und 1,2 cm breit.

#### KULTUR

Als einer der winterhärtesten Bambusse (bis etwa –25 °C) ist die Sorte der Art vorzuziehen, die zudem weniger dekorativ ist. In den ersten Jahren sollte man ihn vor Wind schützen.

*Phyllostachys aureosulcata* 'Spectabilis' ▶

### VERWENDUNG

Dieser äußerst dekorative Bambus, der in China und in Europa gleichermaßen beliebt ist, wächst mit seinen Ausläufern zu einem lichten Wäldchen heran und braucht folglich viel Platz. Wenn man ihn in einer Reihe pflanzt, bildet er einen dekorativen, grünen Vorhang.

## *PHYLLOSTACHYS BAMBUSOIDES* 'CASTILLONIS'

Nach Meinung der Autoren der schönste Riesen-Bambus mit bunten Halmen.

### ALLGEMEINE EIGENSCHAFTEN

**Größe**: Hoher Bambus. Aufrechter Wuchs mit hängender Spitze.
**Wuchsform**: Ausläufer bildend.
**Synonym**: *P. b.* 'Castilloni'.
**Wortherkunft**: „bambusoides" = „der Gattung *Bambusa* ähnelnd" (bezüglich seiner imposanten Statur); „Castillonis" = von dem Baumschuler Latour-Marliac dem Grafen Chatillon gewidmet.
**Heimat**: Süd-China, südlich des Jangtsekiang (die Art ist bis in 1200 m Höhe zu finden); es ist schwer zu sagen, ob er dort wild wächst oder kultiviert wird.
**Einführung in Europa**: In Frankreich durch Latour-Marliac um 1880.
**Halme**: Sie sind das Verführerische an der Pflanze. Die Sprosse erscheinen zunächst gelb und orange gefärbt, dann entwickeln sich die Halme mit 4 bis 6 cm Durchmesser und tragen dabei ein sehr leuchtendes Goldgelb zur Schau, das mit einer glänzend grünen Einkerbung (Sulcus) und manchmal von einem oder zwei feineren grünen Streifen betont wird. Die Wirkung ist vergleichbar mit der von *Phyllostachys aureosulcata* 'Spectabilis', aber seine Halme sind kräftiger und größer.
**Blätter**: 18 cm lang und 3 cm breit; dunkelgrün, glänzend, zuweilen cremeweiß, gelb oder orange panaschiert.

## KULTUR

In Gebieten mit milden Wintern ausreichend winterhart (bis –15 °C), sofern die Sommer warm sind. Bevorzugt dabei nährstoffreiche, kühle Böden. Empfindlich gegenüber Blattlausbefall.

## VERWENDUNG

**Im Garten**: 20 bis 30 m$^2$ Platz sind wünschenswert, damit er einen hübschen Hain bilden kann. Er lässt sich auch gut als Hecke ziehen, wenn man über mindestens 1,50 m Breite verfügt. Die leuchtenden Farben der Halme kommen besser zur Geltung, wenn man die Zweige bis auf Mannshöhe auslichtet. Er eignet sich gut als Kübelpflanze für Wintergärten.
**Besonderheit**: Die Art gehört mit *P. pubescens* in China zu den am häufigsten kultivierten Bambusarten für Speisesprosse; die Halme werden dort häufig für Baugerüste verwendet.

Art 'Castillonis' 'Castillonis Inversa' 'Holochrysa'

▲ *P. bambusoides* 'Holochrysa'.

◄ Die verschiedenen Sorten von *P. bambusoides* unterscheiden sich durch die Farbe ihrer Halme.

## PHYLLOSTACHYS BISSETII

Sehr winterharter, pflegeleichter und anpassungsfähiger Bambus, der leider noch selten zu sehen ist.

### ALLGEMEINE EIGENSCHAFTEN

**Größe**: Hoher Bambus. Aufrechter Wuchs mit von Natur aus geneigten Halmen.
**Wuchsform**: Zahlreiche Ausläufer bildend.
**Wortherkunft**: „bissetii" = „David Bisset gewidmet". Er war Verantwortlicher des botanischen Gartens in den USA, in den die Pflanze 1941 eingeführt wurde.

**Heimat**: Zentral-China (Setschuan).
**Halme**: Während sie in ihrer Jugend mittelgrün und mit einer Wachsschicht überzogen sind, werden sie mit der Zeit olivgrün. Durchmesser 2 bis 3 cm. Alle Knoten sind im oberen Teil stärker verdickt als im unteren, ähnlich der Art *P. nuda*.
**Blätter**: 12 cm lang und 1,2 cm breit, dunkelgrün, ziemlich dicht.

### KULTUR

Diese sehr winterharte Art (bis etwa –25 °C) kommt mit den meisten Standorten problemlos zurecht.

### VERWENDUNG

**Im Garten**: Braucht viel Platz, um sich optimal zu entfalten, verträgt Schnittmaßnahmen und gedeiht auch in großen Pflanzgefäßen gut.
**Besonderheit**: In China werden aus den Halmen Tragestangen hergestellt. In Streifen geschnitten, werden aus ihnen verschiedene Gebrauchsgegenstände, wie zum Beispiel Dämpfkörbe, geflochten.

## *PHYLLOSTACHYS FLEXUOSA*

Ein graziöser Bambus mit geschmeidigem, luftigem Laub, der sich an viele Standorte anpasst.

### ALLGEMEINE EIGENSCHAFTEN

**Größe**: Mittelhoher Bambus. Im Bereich der Zweigspitzen hängen die Halme über.
**Wuchsform**: Wenig Ausläufer bildend.
**Wortherkunft**: „flexuosa" = „hin- und hergebogen" (Hinweis auf die Form der Zweige).
**Heimat**: Ost-China.
**Einführung in Europa**: Frankreich 1864.
**Halme**: Sie sind 2 bis 4 cm dick, im Schatten hellgrün und werden gelb, wenn sie Sonne bekommen. Besonders auffällig sind ihre Internodien, die von hübschen, violett und hellgrün geaderten, leider abfallenden Halmscheiden bedeckt sind.
**Blätter**: 12 cm lang und 1,5 cm breit, einfarbig grün.

### KULTUR

Sehr pflegeleichte Art, die sowohl Kälte widersteht (bis –22 °C) und Spritzwasser toleriert. Eine der wenigen Bambusarten, die in salzigem oder stark kalkhaltigen Böden kultiviert werden kann. Die Lichtverhältnisse spielen für diesen Bambus keine Rolle. Da er erst kürzlich geblüht hat (1995), ist anzunehmen, dass er dies erst in vielen Jahren wieder tut.

### VERWENDUNG

**Im Garten**: Der Bambus ist sehr anpassungsfähig und kann gut auf Beete gepflanzt werden, wo er allerdings etwa 20 m? Platz beansprucht. Er lässt sich auch zur Hecke formen, da er sehr schnittverträglich ist. Außerdem kann man ihn in Kübel pflanzen, obwohl andere Arten dafür besser geeignet sind.
**Besonderheit**: In China stellt man aus den Halmen Gardinenstangen und Stiele für landwirtschaftliche Geräte her. Die Sprosse sind in der Gastronomie sehr geschätzt.

## PHYLLOSTACHYS NIGRA

Wegen seiner unvergleichlichen Halme, die schwarz wie Ebenholz sind, ist dieser Bambus sehr beliebt.

### ALLGEMEINE EIGENSCHAFTEN

**Größe**: Mittelhoher Bambus mit geradem Wuchs.
**Wuchsform**: Bildet wenig Ausläufer.
**Wortherkunft**: „nigra" = „schwarz" (Halme).
**Heimat**: China, südlich des Gelben Flusses (Hwangho).
**Einführung in Europa**: Wahrscheinlich der erste nach Europa eingeführte Bambus (um 1823).
**Halme**: Zunächst grün, leicht flaumig und mit einem weißlichen Belag bedeckt, färben sie sich nach einem oder zwei Jahren schwarz, wobei die Sonne die Farbe intensiver werden lässt. Durchmesser zwischen 2 und 5 cm.
**Blätter**: Oberseits grün, unterseits blaugrau, feine Struktur. 5 bis 10 cm lang, 1 bis 1,5 cm breit. Je zwei oder drei sitzen an jeder Zweigspitze.

### KULTUR

Der Bambus sollte vor kalten Winden geschützt werden, denn auch wenn die Pflanze etwa –20 °C übersteht, kann das Laub schon bei –12 °C geschädigt werden.

### VERWENDUNG

In China wie im Abendland vor allem wegen seiner Zierqualitäten begehrt. Zu empfehlen für kleine Beete oder Hecken, aber auch als dekorative Kübelpflanze, da die wenigen Ausläufer leicht im Zaum gehalten werden können. Die Sprosse sind essbar, wenn auch nicht sehr schmackhaft.

◀ *Phyllostachys nigra* (siehe auch Foto Seite 28)

## PHYLLOSTACHYS NUDA

Ein mittelgroßer, sehr winterharter Bambus mit dunkelgrünem, geschmeidigem Laub, der wenige Ansprüche an seinen Standort stellt.

### ALLGEMEINE EIGENSCHAFTEN

**Größe**: Mittelhoher Bambus mit geradem Wuchs und überhängender Spitze.
**Wuchsform**: Ausläufer bildend.
**Wortherkunft**: „nuda" = „nackt" (die Halmscheiden haben keine Öhrchen).
**Heimat**: Östliches Zentral-China, von 600 bis 1700 m.
**Einführung in Europa**: 1979 in Frankreich (aber schon 1908 in den USA).
**Halme**: Dunkelgrün bis gräulich grün; Durchmesser 3 bis 4 cm.
**Blätter**: 15 cm lang und 2 cm breit, geschmeidig, je vier an den Zweigen, auf der Unterseite am Ansatz flaumig.

### KULTUR

Leicht zu kultivierender Bambus, wenig anspruchsvoll in Bezug auf die Lichtverhältnisse. Auch in unseren Breiten sehr frostverträglich (bis –25 °C) trotz gegensätzlicher Angaben in einigen chinesischen Literaturquellen. Verträgt allerdings keinen zu nassen, besonders keinen staunassen Boden.

### VERWENDUNG

**Im Garten**: Er eignet sich gut als Hecke oder Hain.
**Besonderheit**: Die harten, elastischen Halme werden für die Herstellung von Stielen, Stangen, leichten Dachstühlen usw. verwendet. Die Sprosse sind in der asiatischen Küche beliebt.

## PHYLLOSTACHYS PUBESCENS

Dies ist der größte in den gemäßigten Klimazonen anzutreffende Bambus, der jedoch nur in Süd-Europa ausreichend Wärme für ein problemloses Gedeihen vorfindet.

### ALLGEMEINE EIGENSCHAFTEN

**Größe**: Hoher Bambus. Der gerade, majestätische Wuchs erinnert an einen säulenförmigen Baum.
**Wuchsform**: Ausläufer treibend.
**Synonym**: *P. edulis.*
**Wortherkunft**: „pubescens" = „behaart" (Halmscheiden).
**Heimat**: Östliches Zentral-China, zwischen 400 und 1000 m Höhe.
**Einführung in Europa**: 1875 in Frankreich.
**Halme**: In Süd-Europa bildet dieser Bambus mit Durchmessern von 8 bis 18 cm die dicksten Halme. Der austreibende Spross wirkt besonders interessant (siehe Foto Seite 8). Nach dem Abfallen der Halmscheiden erscheint der Halm eine Zeitlang wegen einer weißen, samtigen Behaarung blaugrün und wird dann grasgrün.
**Blätter**: Klein, 4 bis 11 cm lang und 0,5 bis 1,2 cm breit; doch kann jeder Halm bis zu 100.000 Blätter tragen! Jeweils im März/April wird das alte Laub abgeworfen, bevor die neuen Blätter erscheinen, so dass die Pflanze fünf bis zehn Tage kahl ist.

### KULTUR

Gut eingewachsene Pflanzen sind in milden Bereichen bis –15 °C winterhart. Doch bei diesem Bambus spürt man die subtropische Heimat: Er braucht genügend Wärme und Licht, um sich richtig entfalten zu können. Daher passt er besser in Parks und Gärten südlich der Alpen. Er verlangt lehmige, saure, nährstoffreiche, gut durchlässige Böden und reichlich Wasser, um üppig gedeihen zu können.

## VERWENDUNG

**Im Garten**: An warmen, geschützten Plätzen und bei ausreichend Platz wächst der Bambus wie auch in seiner chinesischen Heimat zum kleinen Wald heran. Ansonsten kann man ihn als Kübelpflanze kultivieren.

**Besonderheit**: In Japan unter dem Namen „Moso" sehr bekannt, ist dies der für die Chinesen und Japaner unentbehrlichste Bambus. Er bildet allein zwei Drittel der Bambuswälder in China und wird wegen seiner fleischigen, wohlschmeckenden Sprosse angebaut, die man bei uns in asiatischen Lebensmittelläden meist in Konserven kaufen kann. Aus dem „Holz" der Halme werden Ziergegenstände, aber auch Möbelbauplatten und Parkett hergestellt. Die Fasern werden zu Papier verarbeitet, der ganze Halm wird im Baugewerbe verwendet.

## WEITERE SORTEN

### ■ *P. PUBESCENS* 'BICOLOR' (SYN. *P. EDULIS* 'BICOLOR')

Eine herrliche Pflanze für einen erfahrenen Sammler.
**Eigenschaften**: Dieser Ausläufer bildende, mittelhohe Bambus unterscheidet sich von der Art durch goldgelbe Halme, deren Internodien durch leuchtende, unterschiedlich breite, hellgrüne Streifen betont werden („bicolor" = „zweifarbig"). Die Blätter weisen einige feine gelbe Streifen auf. Diese sehr schöne Mutation, die 1934 in Süd-Japan entdeckt wurde, aber auch in China existiert, kam erst 1979 nach Europa (Frankreich).
**Kultur**: Relativ schwierig; zuviel Wasser verträgt er nicht. Winterhart bis –15 °C.

### ■ *P. PUBESCENS* 'HETEROCYCLA' (SYN. *P. PUBESCENS* BZW. *P. EDULIS* 'KIKKO' ODER 'KIKKO-CHIKU')

Ein faszinierender Bambus für einen Sammler, den Herausforderungen reizen.
**Eigenschaften**: Mittelhoher Bambus, der deutlich kleiner ist als die Art. Er bildet wenig Ausläufer. Ein Virusbefall bewirkt im unteren Drittel des Halmes die Ausbildung schräger Knoten und kurzer, knieförmiger Internodien („heterocycla" bedeutet: „mit verschiedenen Kreisen"). Dieses Muster erinnert Asiaten an einen Schildkrötenpanzer. Der restliche Halm ist gebogen. Die „Knie" platzen zuweilen wegen des schnellen Wachstums der unförmigen Struktur auf.
**Kultur**: Sehr schwierig; die anspruchsvolle Pflanze bildet manchmal 4 oder 5 Jahre lang keinen neuen Spross. Man sollte systematisch die Halme entfernen, die keinen „Heterocycla-Charakter" haben – das sind durchschnittlich 80 %! Wichtig ist außerdem ein guter, durchlässiger Boden und ausreichend Sonne. Winterhart bis –15°C.
**Verwendung im Garten:** Am besten wirkt dieser Bambus in einem Garten asiatischen Stils, wegen der geringen Frosthärte jedoch nicht ausgepflanzt, sondern im Kübel.

## PHYLLOSTACHYS SULPHUREA FO. *VIRIDIS*

Eine sehr gelungene Wahl für gut durchlässige Lehmböden.

### ALLGEMEINE EIGENSCHAFTEN

**Größe**: Hoher Bambus mit geradem Wuchs.
**Wuchsform**: Bildet wenig Ausläufer.
**Synonyme**: *P. viridis* 'Sulfurea', *P. sulphurea* 'Robert Young', *P. sulphurea* 'Viridis', *P. sulphurea* fo. *sulphurea*.
**Wortherkunft**: „viridis“ = „grün“; „sulphurea“ = „schwefelfarben“.
**Heimat**: In Ost-China über 300 m; in der bekannteren grünen Form *P. sulphurea* fo. *viridis* 'Mitis' verstreut in Wäldern.
**Einführung in Europa**: 1865 in Frankreich.
**Halme**: Kräftig (4 bis 8 cm Durchmesser), zuerst gelbgrün, ausgereift kräftig gelb. Die Internodien weisen wenige, unregelmäßige Streifen auf. Die hellbraunen, dicht schwarz gefleckten Scheiden der jungen Sprosse wirken sehr dekorativ.
**Blätter**: Hellgrün, manchmal blassgelb gestreift; 6 bis 16 cm lang, 1 bis 2 cm breit.

### KULTUR

Fühlt sich in Lehmboden wohl, mag aber nicht zuviel Wasser. Verträgt maximal bis –18 °C.

### VERWENDUNG

Mit seiner Größe und dem exotischen Aussehen eignet er sich am besten als Einzelpflanze oder Wäldchen für milde Gegenden, kann aber auch als Kübelpflanze im Wintergarten stehen.

### WEITERE SORTE

■ P. SULPHUREA FO. *VIRIDIS* 'MITIS' (SYN. *P. VIRIDIS* 'MITIS', *P. MITIS*)

Aus der vorstehenden Sorte hervorgegangen, hat dieser Bambus keine gelben, sondern grüne Halme. Er fühlt sich ebenfalls in lehmigem, gut durchlässigem Boden wohl.

*P. sulphurea* fo. *viridis* 'Mitis'

*P. sulphurea* fo. *viridis*

## *PHYLLOSTACHYS VIRIDIGLAUCESCENS*

Riesen-Bambus mit üppigen Blättern, wegen seiner massiven Wirkung sehr geschätzt.

### ALLGEMEINE EIGENSCHAFTEN

**Größe**: Hoher Bambus. Sehr aufrechter Wuchs mit leicht überhängender Spitze.
**Wuchsform**: Stark Ausläufer bildend.
**Wortherkunft**: „viridiglaucescens" = „grün, zu blaugrün tendierend"; Hinweis auf die Blattunterseite.
**Heimat**: Ost-China.
**Einführung in Europa**: Frankreich, 1846.
**Halme**: Dunkelgrün, dick bereift, 2 bis 5 cm Durchmesser. Die Halmscheide ist hell rötlich-braun und dunkel gefleckt, wobei die Flecken im oberen Teil größer sind; die Öhrchen haben sehr lange Fransen.
**Blätter**: Zwei bis fünf Blätter (10 bis 14 cm lang, 1 bis 2 cm breit) an jedem Zweig. Die Unterseite ist bläulich-grau.

### KULTUR

Relativ winterhart (bis etwa –22 °C). Wenig anspruchsvoll in Bezug auf die Beschaffenheit des Bodens, doch wächst er am besten in nährstoffreichem, durchlässigem und tiefgründigem Substrat.

### VERWENDUNG

**Im Garten**: Sein Drang zur starken Ausläuferbildung und seine endgültige Größe machen ihn zur idealen Pflanze für Windschutzhecken oder Wäldchen in großen Gärten. Dabei wirkt er schlank und sehr elegant.
**Besonderheit**: Die sehr angenehm schmeckenden Sprosse werden in China gern gegessen; die Halme verwendet man für die Herstellung von Tragestangen.

## PYLLOSTACHYS VIVAX

Der größte Bambus für Nord-Europa. Sein schnelles Wachstum wird ungeduldigen Liebhabern gefallen, doch er eignet sich nicht für Standorte, die dem Wind ausgesetzt sind.

### ALLGEMEINE EIGENSCHAFTEN

**Größe**: Hoher Bambus. Aufrechter Wuchs mit leicht überhängender Spitze.
**Wuchsform**: Ausläufer bildend.
**Wortherkunft**: „vivax" = „lebendig, kräftig", wegen seiner Wüchsigkeit.
**Heimat**: Ost-China.
**Halme**: Dick (4 bis 10 cm Durchmesser), kräftig grün bis leicht gelblich. Unter jedem Knoten befindet sich ein weißlicher Wachs-

ring. Interessante Halmscheiden, blassgelb mit braunen Flecken und grünen Adern.
**Blätter**: 9 bis 18 cm lang, 1 bis 1,5 cm breit, mittelgrün, eher hängend, mit kurzen Fransenbüscheln am Ansatz auf der Unterseite.

## KULTUR

Seine jungen Halme sind zwar frosthart (bis –22 °C), mit den dünnen, zerbrechlichen Wänden dagegen empfindlich gegenüber Wind und Schnee. Vorbeugend sollte man je fünf oder sechs Halme mit einem dicken Bindfaden zusammenbinden. Am besten steht die Pflanze in der Sonne.

## VERWENDUNG

Der größte an das Klima Nord-Europas angepasste Bambus wächst an ihm zusagenden Standorten rasend schnell: bis zu 7 m in vier Jahren! Am Rand des Grundstücks kann er innerhalb kurzer Zeit zu einer hohen Hecke erzogen werden, in einem Park bildet er einen großen Hain. Auch im Kübel wächst er gut.

## WEITERE SORTE

### ■ *P. VIVAX* 'AUREOCAULIS' (SYN. *P. V.* FO. *AUREOCAULIS*)

Die Sorte besitzt ähnliche Eigenschaften wie die Art, hat aber herrliche goldene Halme („aureocaulis" = „mit goldenem Halm") und wächst weniger kräftig. Manchen Fachleuten zufolge handelt es sich um eine natürliche Form, die im Distrikt Yongchen (Provinz Hunan) in Ost-China entdeckt wurde. 1989 in Belgien eingeführt.

▲ Oben: Halm der Art *Phyllostachys vivax*

◀ Unten: Halm von *P. vivax 'Aureocaulis'*

*P. vivax* fo. *'Aureocaulis'* ▶

# PLEIOBLASTUS

Durch ihre geringe Größe und die Bewegung des dichten, häufig panaschierten Laubes sind diese Bambusse ideal für sehr kleine Gärten.

**Wortherkunft**: „pleioblastus" = „mehrere Knospen"; Hinweis auf die Zweige (mehr als drei), die aus jedem Knoten wachsen.

Etwa 40 kleine und mittelgroße Bambusse aus Japan und China, deren Knoten drei bis sieben Zweige aufweisen. Bleibende Halmscheiden umhüllen die schlanken Halme. *Pleioblastus* haben Ausläufer treibende Rhizome und können bei warmem Klima und fruchtbarem, feuchtem Boden recht ausufernd werden. Manche Arten mit der Mischform beider Rhizomtypen bilden dichte, vereinzelte Horste. Bevor man die Horste teilt, ist es besser, den Austrieb der Halme und anschließend den des Laubes abzuwarten.

## *PLEIOBLASTUS CHINO* 'ELEGANTISSIMUS'

Das grün und weiß panaschierte Laub stellt den größten Reiz des Bambus dar.

### ALLGEMEINE EIGENSCHAFTEN

0,60 – 2,0m

**Größe**: Niedriger Bambus. Gerade Halme mit überhängender Spitze.

**Wuchsform**: Ausläufer bildend.

**Synonym**: *P. chino* fo. *elegantissimus*.

**Wortherkunft**: „chino" = vom Herkunftsgebiet der Pflanze abgeleitet; „elegantissimus" = „höchst elegant".

**Heimat**: Die Art *P. chino* wächst im Norden Japans und Chinas (Provinz Liaoning), womit er der nördlichste Bambus Chinas ist. Die hier vorgestellte Sorte kommt natürlicherweise nicht vor.

**Halme**: Sie sind etwas schlanker als die von *P. chino* (etwa 1 cm), gänzlich unbehaart, auch wenn sie jung sind, und leicht violett getönt.

**Blätter**: 15 bis 25 cm lang und 1,5 bis 2 cm schmal, unregelmäßig cremefarben und dunkelgrün gestreift.

**KULTUR**

Im Freiland übersteht er Temperaturen bis –20 °C. Frostschäden sind kein Grund zur Sorge, denn er treibt zeitig im Frühjahr wieder aus. An allzu schattigen Stellen verkümmern die Pflanzen jedoch schnell.

**VERWENDUNG**

Er braucht nur wenige Quadratmeter Platz, was ihn besonders für kleine Gärten und als Kübelpflanze für Freiland und Wintergärten interessant macht. Er bildet einen herrlichen grünen Hintergrund.

## *PLEIOBLASTUS DISTICHUS*

Einer der kleinsten kultivierten Bambusse, der wegen seiner fischgrätartig angeordneten Blätter sehr beliebt ist.

▼ Eine unregelmäßig geschnittene, niedrige Hecke aus *Pleioblastus chino* 'Elegantissimus' kann durchaus mit einem geschnittenen Buchsbaum mithalten, wächst aber schneller und ist beim Kauf deutlich billiger.

## ALLGEMEINE EIGENSCHAFTEN

**Größe**: Zwerg-Bambus mit aufrechten, buschig verzweigten Halmen.
**Wuchsform**: Anfangs gering, nimmt die Ausläuferbildung nach etwa fünf Jahren deutlich zu.
**Synonym**: *P. pygmaeus* var. *distichus, P. pygmaeus* 'Distichus'.
**Wortherkunft**: „distichus" = „zweizeilig", da die Blätter sind in zwei sich gegenüberliegenden Reihen angeordnet sind.
**Heimat**: Zuchtform; dieser natürlicherweise nicht vorkommende Bambus soll aus Japan stammen.
**Halme**: Sehr schlank (1 bis 2 mm), grün, unbehaart, unauffällig.
**Blätter**: Klein (7 cm lang und 0,8 cm breit), zum Großteil fächerartig am Zweigende angeordnet. Im Unterschied zu *P. pygmaeus* wirft er im Herbst sein Laub nicht ab.

## KULTUR

Der Bambus ist nicht sehr anspruchsvoll, doch sollte man ihn nicht zu schattig stellen: Hier verlängern sich die Internodien und er verliert damit seine kompakte Form, die seinen Reiz ausmacht. An den meisten Standorten ausreichend winterhart (um –20 °C).

## VERWENDUNG

Wenn man ihn jährlich schneidet, wird der Bambus im Garten zu einem dichten, grünen Teppich. Lässt man ihn etwas länger, wird er zu einem kleinen Wald oder bildet eine hübsche Randbepflanzung. Man kann dann wie mit Zwerg-Buchsbaum formale Pflanzungen anlegen oder Beete einfassen. Der Schnitt ist nur einmal jährlich im März nötig, mit einer eventuellen „Auffrischung" Anfang Juli.

## PLEIOBLASTUS FORTUNEI

Hübscher Zwerg-Bambus, der kräftig wächst und winterhart ist.

### ALLGEMEINE EIGENSCHAFTEN

**Größe**: Zwerg-Bambus mit aufrechtem Wuchs.
**Wuchsform**: Wenig Ausläufer bildend.
**Synonym**: *P. variegatus* 'Fortunei'.
**Wortherkunft**: „fortunei" = Robert Fortune gewidmet, einem schottischen Pflanzensammler, der im 19. Jahrhundert im östlichen China seiner Leidenschaft nachging.
**Heimat**: Zuchtform; die nicht panaschierte Urform der Art stammt aus Süd-Japan.
**Halme**: Dünn, unauffällig.
**Blätter**: 14 cm lang und 1,3 cm breit, auf beiden Seiten leicht flaumig. Ihre Scheide ist leicht bläulich und mit kurzen Härchen versehen. Der Blattrand ist dunkelgrün mit cremefarbenen, unterschiedlich breiten Streifen. Wie häufig bei *Pleioblastus* sind die Blätter an der Zweigspitze dicht angeordnet.

### KULTUR

Damit er gut gedeihen und sich schön ausfärben kann, sollte man ihn an einen sonnigen Standort pflanzen. Er verträgt bis zu –23 °C.

### VERWENDUNG

Wie bei *P. distichus*, denn er kann ebenfalls streng zurückgeschnitten werden. Seine Vitalität und sein Ziercharakter machen ihn zu einer geeigneten Pflanze für die Befestigung von Ufern und Böschungen, aber auch für Pflanzkübel.

▲ *Pleioblastus hindsii*, ▶ durch seine Größe und seine tropische Herkunft untypisch in seiner Gattung, besticht durch eine schlanke Silhouette und lang zugespitzte Blätter.

## *PLEIOBLASTUS HINDSII*

Sehr schlanke, buschige Pflanze mit langen, dekorativen Blättern, ideal als Hintergrundbepflanzung.

### ALLGEMEINE EIGENSCHAFTEN

**Größe**: Mittelhoher Bambus mit aufrechtem Wuchs.
**Wuchsform**: Ausläufer bildend.
**Wortherkunft**: „hindsii“ = zu Ehren von Richard Hinds, eines britischen Marinechirurgen und Naturforschers aus der ersten Hälfte des 19. Jahrhunderts.
**Heimat**: Äußerster Süden Chinas.
**Halme**: 1 bis 3 cm dicke, völlig unbehaarte Halme, die sich im Frühling und Frühsommer entwickeln. Breite, bleibende Scheiden schützen die Internodien; zuerst sind sie grün wie die Halme, färben sich dann aber orangegrün.
**Blätter**: Bläulich, 25 bis 30 cm lang und mit 1 bis 2 cm Breite sehr schmal. Jeder Zweig trägt sieben bis zehn Blätter an seiner Spitze, wodurch er sich nach unten biegt.

### KULTUR

Erstaunlicherweise verträgt dieser subtropische Bambus einigermaßen Frost (–12 °C), besonders wenn die Halme ausgereift sind. Deshalb ist er an einem geschützten Standort im Schatten oder in der Sonne einen Versuch wert.

### VERWENDUNG

**Im Garten**: Eignet sich gut für einzelne Horste oder als Hecke. In der Natur kann er dichte, eher unregelmäßig wachsende Dickichte bilden. Das sehr elegante Laub verleiht diesem Bambus einen hohen Zierwert. Auch als Kübelpflanze geeignet.
**Besonderheit**: In Japan stellt man aus den Halmen Flöten her.

## PLEIOBLASTUS LINEARIS

Relativ kleiner Bambus mit schönem, schmalem Laub.

### ALLGEMEINE EIGENSCHAFTEN

**Größe**: Niedriger Bambus. Aufrechter Wuchs mit leicht hängenden äußeren Trieben.
**Wuchsform**: Ausläufer bildend. In Lehmboden verstärkt sich diese Eigenschaft noch.
**Wortherkunft**: „linearis" = „linear", wie das Blatt.
**Heimat**: Ryukyu-Inseln (Süd-Japan) in Wäldern.
**Halme**: 1,5 bis 2 cm Durchmesser, grün, geschützt durch raue Halmscheiden mit langer, dichter Behaarung.
**Blätter**: 10 bis 18 cm lang, 0,5 bis 0,7 cm breit, länglich lanzettlich, unbehaart, leicht hängend.

### KULTUR

In Klimazonen mit milden Wintern problemlos. Verträgt trotz seines tropischen Ursprungs Kälte bis –18 °C. Durch seine Herkunft als Waldbewohner bevorzugt er halbschattige Standorte.

### VERWENDUNG

Bildet langfristig gesehen kräftig Ausläufer. Ideal für Wäldchen, als Hintergrund für andere Pflanzen oder für große Pflanzgefäße.

▲ *Pleioblastus linearis*

## PLEIOBLASTUS VIRIDISTRIATUS

Eine der besten Arten für den Schatten mit einzigartigem, kräftig leuchtendem Laub.

### ALLGEMEINE EIGENSCHAFTEN

**Größe**: Niedriger Bambus. Aufrechter oder überhängender Wuchs.
**Wuchsform**: Ausläufer bildend.
**Synonym**: *P. auricoma, Arundinaria viridistriata.*
**Wortherkunft**: „viridistriatus" = „grün gestreift".

**Heimat**: Wahrscheinlich eine alte Züchtung von einer japanischen Naturform.
**Halme**: Sehr schlank (1 bis 2 mm), ohne Zierwert.
**Blätter**: 15 bis 20 cm lang und 1,5 bis 2,5 cm breit. Im Austrieb mit breiten gelben Streifen, die über den Sommer vergrünen. Beiderseits samtig behaart.

## KULTUR

Da die Blätter bei praller Sonne geschädigt werden, sollte man der Pflanze vor allem in der Jugend und in sehr sonnigen Gegenden einen Standort im Halbschatten oder Schatten bieten. Im Winter verliert sie oft das Laub; deshalb verträgt sie einen radikalen Rückschnitt im Frühling sehr gut. Dann können die neu austreibenden Blätter ihre ganze Pracht entfalten. Die Pflanze selbst verträgt Frost bis –22 °C.

## VERWENDUNG

Der Bambus steht sehr gut in lichtem Unterholz, aber auch im Beet, als Randbepflanzung oder im Kübel in einem kleinen Garten, den er durch sein unvergleichlich leuchtendes Laub belebt.

▼ Unten: Die Sorte *Pleioblastus viridistriatus* 'Vagans' unterscheidet sich von der Art durch ihr hellgrünes, nicht gelb panaschiertes Laub und die gute Sonnenverträglichkeit.

# PSEUDOSASA

Bei dieser Gattung gibt es noch viel zu entdecken. Wetten wir, dass noch zahlreiche Arten durch ihre schlichte Eleganz und ihre leichte Kultur unsere Gärten erobern werden?

**Wortherkunft**: Vom griechischen „pseudo" = „falsch" und „sasa" = japanischer Name für „kleiner Bambus".

36 Arten von unterschiedlicher Wuchsform aus Süd-China, Korea und dem äußersten Süden Japans. Dies sind mittelgroße Bambusse mit länglichen Blättern, deren Halmscheiden haften bleiben oder erst spät abfallen. Eine Vermehrung ist durch Rhizom-Teilstücke und Teilung der Horste möglich.

## PSEUDOSASA AMABILIS

Herrliche Art mit üppigem Laub, deren Winterhärte leider noch nicht überall erprobt ist.

### ALLGEMEINE EIGENSCHAFTEN

**Größe**: Mittelhoher Bambus. Sehr aufrechter Wuchs. Bildet lockere Horste.
**Wuchsform**: Wenig Ausläufer bildend.
**Synonym**: *Arundinaria amabilis.*
**Wortherkunft**: „amabilis" = „liebenswert, hübsch".
**Heimat**: Äußerster Süden Chinas in über 500 m Höhe, an Ufern; wenig verbreitet.
**Halme**: 3 bis 5 cm Durchmesser mit wenig ausgeprägten Knoten, grün. Die abfallenden Scheiden sind äußerst interessant, denn sie sind teilweise mit langen, glänzenden, mahagonibraunen Haaren bedeckt.
**Blätter**: Sehr attraktiv, grün, glänzend, 18 bis 35 cm lang und mit 2 bis 4 cm schmal; relativ frosthart.

### KULTUR

Er bevorzugt einen sonnigen Standort; bei Wintertemperaturen unter –5 °C muss er aber unbedingt geschützt stehen. Besser ist es, ihn rechtzeitig in einen frostfreien Raum zu stellen.

### VERWENDUNG

Da er weniger buschig ist, wirkt er im Garten fast schöner als *Seminarundinaria fastuosa*. Als Einzelpflanze oder als Hintergrundbe-

▶

Rechte Seite: *Pseudosasa amabilis*. Da er erst vor kurzem nach Europa kam, ist der Grad seiner Winterhärte noch nicht ganz bekannt. Doch in Anbetracht seiner südländischen Herkunft sollte man ihn schützen, wenn die Temperatur unter –5 °C sinkt. Ein sonniger Standort scheint ihm gut zu bekommen. Das Foto, das im Winter aufgenommen wurde, zeigt seinen Schmuckwert selbst während der kalten Vegetationsruhe. Sein Laub ist im Sommer allerdings noch schöner!

pflanzung vor einer hellen Wand kommt er gut zur Geltung, ebenso auch als Kübelpflanze.

**Besonderheit**: Aus den witterungsbeständigen Halmen, die als „Tonkin-Stab" bekannt sind, werden Skistöcke, Angeln und die verschiedensten Dinge für die Innendekoration, auch Möbel, hergestellt. In Gärtnereien nutzt man sie zum Stäben von Pflanzen.

▲ *Pseudosasa japonica*

## *PSEUDOSASA JAPONICA*

Ein pflegeleichter Bambus mit schönem Laub, der universell einsetzbar ist.

### ALLGEMEINE EIGENSCHAFTEN

**Größe**: Mittelhoher Bambus. Aufrechter Wuchs mit überhängender Spitze. Wächst in dichten Horsten.
**Wuchsform**: Wenig Ausläufer bildend.
**Wortherkunft**: „japonica" = „japanisch" – obwohl er vielleicht gar nicht aus Japan stammt!
**Heimat**: Süd-Korea (Insel Quelpart) und vermutlich Japan; häufig an feuchten Standorten.
**Einführung in Europa**: Um 1850.
**Halme**: Etwa 1 cm Durchmesser, olivgrün, mit beigefarbenen, haftenden Halmscheiden. Der untere Teil trägt fast keine Zweige; diese wachsen einzeln aus kaum verdickten Knoten.
**Blätter**: Etwas heller und kleiner als bei *P. amabilis* (15 bis 30 lang und 2 bis 4 cm breit); sie sitzen in Gruppen zu fünf bis sieben an den Zweigenden.

## KULTUR

Pflegeleicht; winterhart bis etwa –24 °C, erholt sich nach Frostschäden rasch. Zeigt sich sehr tolerant gegenüber verschiedenen Standorten, auch trockenen, kargen Böden.

## VERWENDUNG

**Im Garten**: Einer der häufigsten Bambusse in unseren Gärten. Die überhängenden oberen Zweige bringen das Laub gut zur Geltung. Er passt in jede Gartensituation.
**Besonderheit**: Schon vor mehr als 1200 Jahren stellten Chinesen und Japaner aus den Halmen Pfeile her. Deshalb findet man den „Pfeilbambus" häufig in der Nähe von Schlossruinen.

▼ In feuchtem, fast schon sumpfigem Milieu findet *Pseudosasa japonica* seinen bevorzugten Standort zusammen mit Farnen und Sumpfgräsern.

# SASA

Wenn Sie große, geschmeidige Blätter mögen, dann bieten diese Bambusse der nördlichen Breitengrade eine unvergleichlich große Auswahl.

**Wortherkunft**: Der Begriff „sasa“ bezeichnet auf Japanisch generell kleine Bambusse.

Die etwa 60 Arten stammen zum größten Teil von den Küsten Japans und Ost-Sibiriens, sind aber auch in Korea und Ost-China vorhanden. Sie bilden große, fast reine Bestände in Ebenen oder auf Hängen, und auch im Unterholz trifft man sie an. Es handelt sich im Allgemeinen um kleine Bambusse. Sie bringen aus dem Nodium eines einzigen Zweiges, der fast so stark ist wie der Halm ist, relativ breite Blätter hervor. Die Rhizome bilden Ausläufer, doch die Halme wachsen horstweise (amphipodiale Wuchsform). Bevor man die Pflanze teilt, wartet man besser das Erscheinen der Blätter nach Austrieb der Halme ab.

## *SASA PALMATA* 'NEBULOSA'

Die breiten Blätter, die von dünnen, aufrechten Trieben getragen werden, verleihen der Sorte ein sehr exotisches Aussehen.

### ALLGEMEINE EIGENSCHAFTEN

**Größe**: Mittelhoher Bambus. Aufrechte bis gebogene Triebe.
**Wuchsform**: Stark Ausläufer bildend.
**Synonym**: *Sasa palmata* fo. *nebulosa*.
**Wortherkunft**: „palmata“ = „handförmig gespreizt“ (Anspielung auf die Anordnung der Blätter); „nebulosa“ = „wolkenförmig“ (bezieht sich auf die Färbung der Halme).
**Heimat**: Wahrscheinlich eine alte Zuchtform von einer in Nord-Japan (Nord-Honshu und Hokkaido) vorhandenen Art.
**Halme**: Schlank (2 bis 5 mm), unbehaart; zuerst grün, zeigen dann im Älterwerden dun-

▲ *Sasa palmata* 'Nebulosa' (siehe auch Foto S. 32).

kelbraune Flecken, die Botaniker als „schwarze Wolken" bezeichneten. Sie können völlig schwarz werden wie bei *Phyllostachys nigra*. Vom zweiten Jahr an neigen sie sich und lassen dann Seitenzweige sprießen, die erneut in die Senkrechte wachsen.

**Blätter**: Sehr schöne, 20 bis 30 cm lange und mit 5 bis 10 cm sehr breite Blätter. Ihre Anordnung ist vergleichbar mit den Fiederblättern einer Fächerpalme, woher auch der Name „Palmwedel-Bambus" herrührt. Der im oberen Bereich zunehmend geneigte Wuchs wirkt im Gegenlicht besonders attraktiv.

## KULTUR

Ausreichend winterhart (–20 °C oder deutlich kälter, wenn er vom Schnee geschützt wird), toleriert der Bambus sowohl sonnige als auch schattige Standorte.

## VERWENDUNG

**Im Garten**: Grundsätzlich für große Beete oder als Unterpflanzung von Gehölzgruppen geeignet. Seine Eigenschaft, stark Ausläufer zu bilden, muss kein Handicap sein, denn wenn er als Einzelpflanze in

eine Rasenfläche gepflanzt wird, begrenzt das Mähen seinen Ausbreitungsdrang.
**Besonderheit**: Mit den breiten Blättern werden in Japan Sushi eingewickelt, aus den Halmen die traditionellen Pfeifen hergestellt.

## *SASA TESSELLATA*

Die Bewunderung, die die riesigen Blätter hervorrufen, ist völlig berechtigt.

### ALLGEMEINE EIGENSCHAFTEN

**Größe**: Niedriger Bambus. Ausgeprägt überhängender Wuchs.
**Wuchsform**: Wenig Ausläufer bildend.
**Synonym**: *Indocalamus tessellatus.*
**Wortherkunft**: „tessellata" = „ein Schachbrettmuster aufweisend" (Blattnerven).
**Heimat**: Ost-China, entlang des Flusses Jangtsekiang, um 1000 m Höhe an feuchten Orten; seine Verbreitung folgt der des Tee-Anbaus; in Japan eingeführt.

**Einführung in Europa**: 1892 in Frankreich durch Latour-Marliac.
**Halme**: Schlank (0,5 bis 1 cm), auf Höhe der Knoten abgeflacht, umhüllt von haftenden Scheiden in Hellbeige, die breiter sind als die Internodien.
**Blätter**: Sie halten mit 45 bis 50 cm Länge bei 10 cm Breite den Größenrekord bei niedrigen Bambussen; oberseits sind sie glänzend grün, unterseits graugrün, zudem stark hängend. Das Netz kleiner Nerven, die rechtwinklig zu den Hauptnerven verlaufen und so ein Schachbrettmuster bilden, ist mit bloßem Auge zu erkennen.

### KULTUR

Problemlos, relativ winterhart (–18 bis maximal –22 °C).

### VERWENDUNG

**Im Garten**: Wirkungsvoll als Einzelpflanze nahe einer Mauer; ansonsten sollte der Bambus gemäß seines feuchten Naturstandortes an einem Wasserbecken oder am Waldrand gepflanzt werden. Wächst in versprengten Horsten, in kühl-feuchtem Klima stark Ausläufer bildend.
**Besonderheit**: Vielfältig verwendbarer Bambus: Die Blätter dienen in den Ursprungsländern zum Einwickeln von Pudding oder zum Bespannen von Regenschirmen. Aus den Halmen stellt man Ess-Stäbchen oder Stangen für Rechenschieber her. Die Früchte gehören zu den Zutaten von Klebreis-Kuchen und im Dampf gebackenen Brötchen.

## *SASA VEITCHII*

Eine bemerkenswerte Erscheinung mit Blatträndern, die sich im Winter weiß färben.

### ALLGEMEINE EIGENSCHAFTEN

**Größe**: Niedriger Bambus mit aufrechten bis überhängenden Halmen.

**Wuchsform**: Durch seine Ausläufer langsam Bestände bildend.
**Wortherkunft**: „veitchii" = zu Ehren der britischen Gärtner-Familie „von Veitch" aus dem 19. Jahrhundert.
**Heimat**: Süd-Japan (Präfektur Kyoto), oberhalb 1000 m an feuchten Standorten.
**Halme**: Schlank (0,5 bis 0,8 cm), leicht bläulich; die Halmscheiden sind mit langen, dichten Haaren bewachsen.
**Blätter**: 20 bis 25 cm lang, 5 cm breit. Besonders interessant: der Blattrand trocknet im Winter ein und färbt sich dabei cremeweiß, was sehr dekorativ wirkt.

## KULTUR

Widersteht Kälte bis etwa –20 °C. Bevorzugt kühle Böden in der Nähe von Bäumen oder Sträuchern, die ihm Luftfeuchte und Schatten spenden.

## VERWENDUNG

Wirkt sehr gut auf Beeten oder als große Solitärpflanze.

Unten: *Sasa veitchii* im Winter, erkennbar an dem breiten, weißen Rand, der sich um die Blätter bildet.

# SASAELLA

Die Pflanzen sind zum großen Teil in Japan heimisch. *Sasaella*-Arten, die auch in unserem Klima gut gedeihen, werden im nördlichen Europa zunehmend beliebter. Da sie nicht so groß werden, eignen sie sich gut für kleine Gärten oder dekorieren als Kübelpflanzen Terrassen, Balkone und Wintergärten. Gemeinsames Merkmal ist, dass sich die Halme im oberen Bereich verzweigen.

**Bei der Gattung *Sasaella* handelt es sich vermutlich um eine Kreuzung zwischen *Sasa*- und *Pleioblastus*-Arten.**

## *SASAELLA MASAMUNEANA* 'ALBOSTRIATA'

Dieser kompakte Bambus eignet sich ideal für den Formschnitt. Er muss von Hand geschnitten werden, damit seine Panaschierung schön zur Geltung kommt.

▼ Die Panaschierung von *Sasaella masamuneana* 'Albostriata' kann mehr oder weniger intensiv sein.

### ALLGEMEINE EIGENSCHAFTEN

**Größe**: Niedriger Bambus mit kompakter, kugeliger Form.
**Wuchsform**: Wenig Ausläufer bildend.
**Synonym**: *Sasa masamuneana* 'Albostriata'.
**Wortherkunft**: „masamuneana" = dem japanischen Botaniker Masamune gewidmet; „albostriata" = „weiß gestreift".
**Heimat**: Zuchtform (die Art ist in Japan heimisch).
**Halme**: Dünn mit unbehaarten Scheiden.
**Blätter**: 18 cm lang und 5 cm breit, aufgerichtet, mit drei bis sieben unregelmäßigen, cremeweißen Streifen. Diese Panaschierung ist bei den jungen Blättern weniger intensiv.

### KULTUR

Gegenüber den Lichtverhältnissen verhält er sich tolerant. An vielen Standorten ist das panaschierte Laub ganzjährig schön. Wenn es im Winter abstirbt, kann man den Bambus stark bis auf 10 cm über dem Boden zurückschneiden. Dann treibt er wieder willig aus. Er verträgt Temperaturen bis –18 °C.

## VERWENDUNG

Wenig Ausläufer bildend, entwickelt er schöne, regelmäßige Horste, die man im Freiland einzeln oder als Randbepflanzung setzt. Er eignet sich für die Kultur in Pflanzgefäßen. Man sieht ihn häufig in japanischen Gärten.

*Sasaella masamuneana* 'Albostriata'

## WEITERE ART

### *SASAELLA RAMOSA*

Die Art bleibt ebenfalls sehr klein. Die Blätter sind grün, nur im Winter zeigen sich helle Blattränder. Die stark Ausläufer bildende Pflanze wächst rasch zu einem dichten Bestand heran. Sie bevorzugt schattige Bereiche und eignet sich gut als gemähter Teppich unter Gehölzen. Sie verträgt einen Formschnitt gut und kann auch als niedrige Hecke gepflanzt werden. Ihr Ausbreitungsdrang darf nicht unterschätzt werden.

# SEMIARUNDINARIA

**Wortherkunft**: „semi" = „halb"; „Arundinaria" = eine Bambus-Gattung

Gattung mit 6 bis 15 Arten (je nach Literaturquelle), mittelhoch, Ausläufer treibend; heimisch in Japan, abgesehen vom äußersten Norden, sowie in Ost- und Süd-China.

Die Halme bilden im Allgemeinen drei Zweige pro Knoten; die stark bereiften Halmscheiden lösen sich teilweise vom Knoten, was sehr dekorativ aussieht. Vermehrung ist durch Rhizom-Teilstücke oder Teilung möglich.

Mittelhohe Bambusse, die meist nur wenig Ausläufer bilden und dementsprechend weniger Platz einnehmen als *Phyllostachys*. Sie eignen sich besonders gut für schmale, aber dichte Hecken.

## SEMIARUNDINARIA FASTUOSA

Herrlicher säulenförmiger Bambus, der durch seine haftenden Halmscheiden besonders reizvoll ist.

### ALLGEMEINE EIGENSCHAFTEN

**Größe**: Mittelhoher Bambus mit strengem Säulenwuchs.
**Wuchsform**: Ausläufer bildend.
**Wortherkunft**: „fastuosa" = „stolz", Hinweis auf den aufrechten Wuchs.
**Heimat**: Süd-Japan, in Wäldern und an feuchten Standorten.
**Halme**: Die jungen Halme sind grün und 3 bis 4 cm im Durchmesser; im zweiten Jahr werden sie weinrot-orange, sofern sie genug Sonne bekommen. Die Scheiden bleiben drei Monate haften, lösen sich dann allmählich.
**Blätter** :12 bis 20 cm lang, 2 cm breit, mit hängender Spitze. Das Laub ist an kurzen Zweigen quirlig um den Halm angeordnet, was diesem eine säulenartige Form verleiht.

Die Halmscheiden von *Semiarundinaria fastuosa* bleiben ungefähr drei Monate am Halm.

**KULTUR**

Frosthart bis –20 °C, wenn er vor Wintersonne geschützt wird. Im Sommer verlangt er einen sonnigen Standort, um seine rötliche Reifefarbe zu entwickeln. Normalerweise treibt er wenig Ausläufer; auf weichem und tiefgründigem Boden neigt er jedoch zur Ausläuferbildung, denn dann reichen seine Rhizome bis in 60 cm Tiefe. Sehr windbeständig.

**VERWENDUNG**

Bildet schöne Windschutzhecken oder große grüne Hintergrundbepflanzungen. Dekorative Kübelpflanze.

## *SEMIARUNDINARIA MAKINOI*

Diese Art ist ideal für niedrige Hecken, da sie dichter belaubt und schnittverträglicher ist als *S. fastuosa*.

**ALLGEMEINE EIGENSCHAFTEN**

**Größe**: Mittelhoher Bambus, buschig und stämmig.
**Wuchsform**: Wenig Ausläufer bildend.
**Wortherkunft**: „makinoi" = dem großen japanischen Bambus-Experten Tomitaro Makino (1862-1957) gewidmet.
**Heimat**: In Japan nur in Kultur bekannt.
**Einführung in Europa**: 1984 in Frankreich. Zunächst unter dem Namen *S. kagamiana* vertrieben, dem er stark ähnelt.
**Halme**: Fein (2 bis 3 cm Durchmesser), zunächst grün, färben sich mit der Zeit auch bei nicht vollsonnigem Standort bräunlich-purpurfarben um.
**Blätter**: Eher klein, nach oben gerichtet. Das Laub wächst in dichten Büscheln an kurzen Zweigen.

### KULTUR

Er ist etwas weniger winterhart als *S. fastuosa* (bis –18 °C), stellt ansonsten aber keine besonderen Ansprüche.

### VERWENDUNG

Ein idealer Bambus für mittelhohe Hecken (1,50 bis 3 m). Wegen seines dichteren Laubes und der guten Schnittverträglichkeit auch gut als Kübelpflanze geeignet.

## *SEMIARUNDINARIA YASHADAKE* 'KIMMEI'

Die Veränderung seiner Halmfarbe während des Jahres ist ein herrliches Schauspiel.

### ALLGEMEINE EIGENSCHAFTEN

**Größe**: Mittelhoher Bambus. Aufrechter Wuchs mit überhängender Spitze.
**Wuchsform**: Wenig Ausläufer bildend.
**Synonym**: *S. y.* fo. *kimmei.*
**Wortherkunft**: „yashadake" = japanischer Name der Art; „kimmei" (jap.) = „golden mit grüner Rille".
**Heimat**: Japan (nur in Kultur bekannt).
**Einführung in Europa**: 1987 in Frankreich.
**Halme**: Sie färben sich nach und nach in ein Gelb, das im Frühjahr mit einigen grünen Streifen verziert ist, gefolgt von Kupfergelb im Sommer. Im Herbst tont die Sonne sie rot.

### KULTUR

Nur die Sonne bringt ihn voll zur Geltung. Mit diesem Wissen fällt es leichter, die unteren Zweige abzuschneiden, damit seine Halme besser zu sehen sind. Winterhärte wie bei *S. makinoi* (–18 °C).

### VERWENDUNG

Der Bambus ist vielfältig einsetzbar, auch als Kübelpflanze – wenn er nur nicht im Schatten steht.

# SHIBATAEA

Die Zwerg-Bambusse, deren Halme leicht zickzackförmig wachsen, eignen sich hervorragend für niedrige Hecken.

**Wortherkunft**: Dem japanischen Botaniker Keita Shibata (1897-1949) gewidmet.

Die 10 Zwerg-Arten stammen aus Süd-China und Ost-Japan. Sie sind am besten durch Teilung der Horste zu vermehren.

## *SHIBATAEA KUMASASA*

### ALLGEMEINE EIGENSCHAFTEN

**Größe**: Zwerg-Bambus. Wächst in aufrechten, dichten Horsten.
**Wuchsform**: Wenig Ausläufer bildend.
**Wortherkunft**: Der japanische Name („Kuma-Zasa") ist hier wohl gleichbedeutend mit „kleiner Bambus".
**Heimat**: Südost-China, Südost-Japan.
**Halme**: Schlank, wegen der dichten Vegetation kaum zu sehen, leicht zickzackförmig, bilden bis zu sechs sehr kurze Zweige an jedem Knoten.
**Blätter**: Ihre leicht ovale Form (4 bis 7 cm lang, 1 bis 2 cm breit) und ihre Stellung erinnern an den Mäusedorn (*Ruscus*), was sowohl im ungültigen botanischen Namen *Shibataea ruscifolia* als auch in der deutschen Bezeichnung „Mäusedorn-Bambus" zum Ausdruck kommt.

### KULTUR

Pralle Sonne mag dieser winterharte Bambus (–20 °C) nicht, da er in der Natur im Halbschatten wächst. Gute Luftfeuchtigkeit trägt zu gesundem Laub bei. Man kann mit dem Schnitt bis zum Frühling warten, da die neuen Sprosse erst im Juni austreiben.

### VERWENDUNG

Ein geeigneter Bambus für Formschnitte; kann als niedrige Hecke, als Randbepflanzung oder auf Beete gepflanzt werden. Bei Kübelpflanzen werden die Blätter häufig durch die Winterkälte geschädigt.

# VERZEICHNISSE

## BEZUGSADRESSEN

### DEUTSCHLAND

**Bambus-Centrum Deutschland**
Baumschule Wolfgang Eberts
Saarstr. 3-5
76532 Baden-Baden
Telefon: 07221-5074-0
Fax: 07221-5074-80
Internet: www.bambus.de

**Bambusgarten Rhein-Main**
Auf der Sieb
63505 Langenselbold
Telefon: 06184-2557
Fax: 06184-900961
Internet: www.bambusgarten.de

**Bambus-Informationszentrum**
K. Steckhan, F. Vaupel
Ramhorster Straße 1
31275 Lehrte-Steinwedel
Telefon: 05136-5742
Fax: 05136-873781
Internet: www.bambus-info.de

**Bambus-Informationszentrum Berlin/Hamburg**
Beim Gesundbrunnen 3
20537 Hamburg
Telefon: 040-2503343
Fax: 040-2503345

**Bambusinsel**
Baumschulen Janssen
Stöckheimer Straße 11
50259 Pulheim
Telefon: 02238-965530
Fax: 02238-9655355

**Bambus-Kulturen Franken**
C. Maier
Hauptstraße 22
91483 Oberscheinfeld-Prühl
Telefon/Fax: 09167-394
Email: phyllo-bambus.stefan@t-online.de

**Bambuszentrum München**
Rote-Kreuz-Straße 12
85737 Ismaning
Telefon: 089-96201060
Fax: 089-96201080
Internet: www.bambus-muenchen.de
Bambuspflanzen und Zubehör

**Bambus Willumeit Gartenbau GmbH**
Nussbaumallee
64297 Darmstadt
Telefon: 06151-538008
Fax: 06151-538018

**Baumschule Heilmannshof**
Maria-Sohmann-Str. 93
47802 Krefeld-Traar
Telefon: 02151-562051
Fax: 02151-564010
Internet: www.mon.de/nr/heilmannshof
Verkauf für Privatkunden ab Betrieb.

**Baumschulen – Gartenpark Steinegger**
Staffelweg 10
79618 Rheinfelden
Telefon: 07623-3148
Fax: 07623-61988

**Friesland Staudengarten**
Uwe Knöpnadel
Husumer Weg 16
26441 Jever-Rahrdum.
Telefon: 04461-3763
Fax: 04461-2307

**Gärtnerische Pflanzenzucht**
Hofstetter Mühle
88633 Heiligenberg/Bodensee
Telefon: 07554-98240
Fax: 07554-982450
Internet: www.bambuswald.de

**Alois Schad**
Schillerstraße 30
66994 Dresden
Telefon: 06391-1654

**Sortiments- und Versuchsgärtnerei Werner Simon**
Staudenweg 2
97828 Marktheidenfeld
Telefon: 09391-3516
Fax: 09391-2183
Internet: www.gaertnerei-simon.de

**Spezialkulturen Günter Fuß**
Helmstedter Straße 17
38154 Königslutter
Telefon: 05353-2388
Fax: 05353-8937

**Versandbaumschule Garten Lunge**
Kieler Straße 5
25474 Hasloh
Telefon: 04106-2031
Fax: 04106-2032

**Versuchsgarten des Waldbau-Instituts der Universität Freiburg**
Schauinslandstraße 107
79100 Freiburg
Telefon: 0761-29129
Fax: 0761-2907294
Email: oberler@ruf.uni-freiburg.de

### BELGIEN

**Bloemisterij**
Patrick de Cleene
Denen 42
B-9080 Lochristi
Telefon: 0032 (0) 9 3557992
Fax: 0032 (0) 53 801508
Email: dcpt@online.de

**De Hofhouding**
Hooghuis 34
B-3221 Nieuwrode
Telefon/Fax: 0032 (0) 16 573630

**Ignace van Doorslaer**
Kapellendreis 52
B-9090 Melle-Gontrode
Telefon: 0032 (0) 9 2521123
Fax: 0032 (0) 9 2524455

**De Nieuwe Tuin**
Peter Bauwens
Trompwegel 27
B-9170 De Klinge
Telefon/Fax: 0032 (0) 3 7707816

### NIEDERLANDE

**Kwekerij „De Acker"**
Veedijk 49
NL-5258 SV Berlicum
Telefon: 0031 (0) 5033651
Email: info@de-acker.nl

**Kwekerij „De Border"**
Tricheleelan 13
NL-7495 VS Ambt-Delden
Telefon: 0031 (0) 74 3764123
Fax: 0031 (0) 74 3764950
Email: info@border.nl

**Rein en Mark Bulk**
Rineveld 15
NL-2771 XV Boskoop
Telefon: 0031 (0) 172-212002
Fax: 0031 (0) 172-213402
Email: markbulk@compuserve.com

**Exoterra – Kwekerij van winterharde exot**
A. Hagens
Meulereed 2
NL-8421 PP Oldeberkoop
Telefon: 0031 (0) 516 451933
Fax: 0031 (0)516 451082
Email: ahagens@worldonline.nl

**Bamboekwekerij „Kimmei"**
Jos van der Palen
Zandbergstraat 14
NL-5555 LB Valkenswaard
Telefon: 0031 (0) 402014371
Fax: 0031 (0) 402018155
Internet: http://home.iae.nl/users/palen

**De Rode Pimpernel**
Hullenweg 16
NL-9301 ZD Roden
Telefon: 0031 (0) 50 5019319
Fax: 0031 (0) 5019239
Email: de.rode.pimpernell@amazed.nl

## FRANKREICH

**La Bambouseaire Prafance**
Par cet Pépinières
Générargues
F-30140 Anduze
Telefon: 0033 (0) 4 6661 7047
Fax: 0033 (0) 4 6661 6415
Internet: www.bambouseaire.fr
Email: pepi@bambouseaire.fr
Privatverkauf ab Betrieb.

**La Compagnie des Plantes Australes**
BP 26 – chemin des Ananas
F-97425 Les Avirons
Telefon/Fax: 0033 (0) 262 382129
Email: info@austral-plants.com

**Paysages et Pépinières**
Alfred Gilg
16, rue Herzog
F-68920 Wettolsheim
Telefon: 0033 (0) 389 806255
Fax: 0033 (0) 389 807764

**Pépinières Bontemps**
40, rue Charles Lamoureux
F-33130 Begles
Telefon: 0033 (0) 5 56 492439
Fax: 0033 (0) 5 56 859796
Email: pepinieres.bontemps@wanadoo.fr

## BAMBUS-GESELLSCHAFTEN

**Europäische Bambusgesellschaft Deutschland (EBS)**
Geschäftsstelle: Edeltraud Weber
John-Wesley-Str. 4
63584 Gründau (Rothenbergen)
Telefon: 06051-18332
Mobil: 0172-6644290
Internet: www.bambus-deutschland.de

**European Bamboe Society**
Nederland
Leklaan 58
NL-2987 EK Ridderkerk
Internet: www.bamboepagina.nl

## REGISTER

Verzeichnis der Bambusarten und -sorten (normal) sowie ihrer Synonyme (unterstrichen)